Kenneth Blanchard
John P. Carlos
Alan Randolph

Management durch Empowerment

Das neue Führungskonzept: Mitarbeiter bringen mehr, wenn sie mehr dürfen

Deutsch von Roswitha Enright

Rowohlt Taschenbuch Verlag

Die Originalausgabe erschien 1996 unter dem Titel
Empowerment Takes More Than a Minute
im Verlag Berrett-Koehler Publishers, Inc., San Francisco

Veröffentlicht im Rowohlt
Taschenbuch Verlag GmbH,
Reinbek bei Hamburg, Juli 1999

Umschlaggestaltung Werner Rebhuhn
Gesamtherstellung Clausen & Bosse, Leck
Printed in Germany
ISBN 3 499 60771 9

Widmung

für
Dorothy Blanchard
Donald L. und Isabella Carlos
Wallace Randolph

von denen wir viel über Empowerment gelernt haben

Vorwort

Es gibt wohl nur wenige ebenso wichtige wie problematische Veränderungen in der Arbeitswelt wie den heutigen Trend, ein Arbeitsumfeld zu schaffen, das den Arbeitnehmer durch Empowerment (Ermächtigung, Ausstattung mit Vollmachten, Bevollmächtigung) zu Leistungen motiviert. Dank eines solchen Empowerments können menschliche Fähigkeiten, die bisher nicht ausreichend genutzt sind, besser eingesetzt werden. Das wird immer notwendiger, wenn die Unternehmen in der heutzutage zunehmend komplexen und dynamischen Geschäftswelt überleben wollen.

Bevollmächtigte (oder «empowerte») Arbeitnehmer nutzen der Organisation und sich selbst. Sie finden mehr Sinn in ihrer Arbeit und in ihrem Leben, sie fühlen sich ihrer Arbeit verbunden und arbeiten daran, Systeme und Prozesse an ihrem Arbeitsplatz ständig zu verbessern. In einer nach dem Empowerment-Prinzip strukturierten Organisation sind Arbeitnehmer gerne bereit, begeistert und stolz ihre besten Ideen und ihre volle Tatkraft einzubringen. Außerdem handeln sie verantwortlich und immer im Interesse des Unternehmens.

Das traditionelle Managementmodell – der Manager bestimmt, und die Arbeitnehmer tun, was von ihnen verlangt wird – ist heute nicht mehr effektiv. Um ein Umfeld zu schaffen, in dem sich der Arbeitende ermutigt fühlt, sein Bestes zu geben, muß das Management die Rolle der befehlenden Instanz ablegen und versuchen, Arbeitsbedingungen zu schaffen, in denen es mehr auf Verantwortung und Unterstützung ankommt und alle die Gelegenheit haben, sich voll einzusetzen.

Diese neue Philosophie des Empowerments verlangt grundsätzliche Veränderungen der Organisation. Sowohl Manager als auch Arbeitnehmer müssen als erstes lernen, bürokratische Verhaltensweisen abzulegen und sich auf Empowerment zu konzentrieren. Leider wissen viele Manager nicht, daß dafür nichts weiter nötig ist, als den Mitarbeitern die Fähigkeiten, die sie schon besitzen, bewußtzumachen und sie dann zu nutzen. Und selbst Manager, die wissen, was das ist, haben meist keine Ahnung, wie sie die Idee Empowerment praktisch umsetzen können.

Dieses Buch soll den Leser mit dem schrittweisen Erfahrungsprozeß eines Managers vertraut machen, der sich bemüht, die drei Hauptschlüssel zum Empowerment zu entdecken. Während der Leser dem Manager auf seiner Odyssee in dieses Neuland folgt, stellt er fest, daß auch er diese Entdeckungsreise machen kann, die wie jede andere abenteuerliche Reise häufig widersinnig erscheint und viele Herausforderungen beinhaltet. Bisweilen meint der Entdecker, auf der Stelle zu treten, und dann kommt er doch wieder ganz plötzlich ein ordentliches Stück vorwärts. Dieses Buch bietet praktische, aber einfache Konzepte an, die Geschäftsführer, Abteilungsleiter und Manager ganz allgemein in privaten und öffentlichen Unternehmen auf ihre spezifische Situation anwenden können.

Viele leitende Angestellte lehnen zwar Mitarbeiter-Empowerment als vergängliche Modesache ab, aber wir haben immer festgestellt, daß Menschen auf allen Ebenen einer Organisation von Natur aus eine erweiterte Ausstattung mit Vollmachten für attraktiv halten. Wir haben ebenfalls die Erfahrung gemacht, daß Unternehmen mit diesem Konzept Erfolge verzeichnen konnten. Seit Mitte der achtziger Jahre haben wir intensiv mit den verschiedensten Unternehmen gearbeitet, die die Idee des Empowerments am Arbeitsplatz verwirklichen wollten. Diese Firmen haben uns viel darüber gelehrt, was Empowerment eigentlich ist und wie sich eine positive Einstellung dazu schaffen läßt. Auch sie hatten nicht immer Antworten auf die Fragen parat, die bei der Beschäftigung mit dem Thema aufkamen. Aber gerade dank der Fehler, die wir gemacht haben, konnten wir schließlich die drei Schlüsselbedingungen finden, die für ein Empowerment nötig sind.

Empowerment ist zweifellos machbar, erfordert jedoch Mut und Durchhaltevermögen. Wir raten allen, die dieses Ziel verfolgen wollen, sich auf ihrem Weg dorthin an die drei Schlüsselelemente für Empowerment zu halten, die in diesem Buch beschrieben werden.

Viel Glück auf Ihrer Entdeckungsreise!

Ken Blanchard   John Carlos   Alan Randolph

Herbst 1995

Inhalt

Die Herausforderung

Der Regen schlug schwer an sein Bürofenster. Marvin Pitts verzog das Gesicht unwillkürlich zu einem ironischen Lächeln, als er das Klatschen hörte. Es erinnerte ihn an die Schläge, die er zur Zeit als Präsident und Geschäftsführer eines mittelgroßen, einst sehr erfolgreichen Unternehmens einstecken mußte.

Marvin hatte vor gut einem Jahr die Führung dieses Unternehmens übernommen und instinktiv getan, was er immer und überall getan hatte: Er hatte die Kosten gesenkt und die Entscheidungsgewalt zentralisiert. Er stand in dem Ruf, eine gefährdete Firma sanieren zu können, und war der festen Überzeugung, Probleme eines Unternehmens seien meist auf Führungsschwäche zurückzuführen. Er wußte zwar eigentlich, was in einem solchen Fall getan werden mußte, aber in letzter Zeit hatte er den Eindruck, daß die alten Wege nicht mehr wie früher zum gewünschten Ziel führten.

Eine starke Bö ließ erneut dicke Regentropfen gegen die Fensterscheiben prasseln, so daß Marvin aus seiner Versunkenheit aufschreckte. Sein Blick blieb an einem gerahmten Spruch hängen, den ihm der vom Vorstand empfohlene Unternehmensberater überreicht hatte.

Der Spruch begann ihn allmählich zu nerven, aber er traute sich nicht, den Rahmen abzunehmen. Der Spruch lautete:

> **Das Denken, das in der**
> The kind of thinking
> **Vergangenheit erfolgreich war,**
> that led to past success
> **wird in der Zukunft**
> will not lead to future
> **keinen Erfolg haben.**
> success.

Er erinnerte sich daran, wie der Berater den Spruch aufgehängt hatte, nachdem er mit Marvin und seinem Managementteam über die Ergebnisse einer Untersuchung über ihren Industriezweig, die Konkurrenz und das Unternehmen selbst gesprochen hatte. Nun hing der Spruch da und sollte Marvin und seine Mitarbeiter immer wieder an die schmerzhafte Tatsache erinnern, die die Untersuchung eindeutig ergeben hatte: *Die Denkweise des Managements muß sich als erstes verändern,* damit sich die Situation des Unternehmens positiv verändern kann.

Der Vorstand hatte auf Hinzuziehung des Unternehmensberaters bestanden, da sich seiner Meinung nach die Wirtschaft in letzter Zeit so schnell veränderte, daß Marvin allein nicht mehr alle Entscheidungen treffen konnte. Man glaubte, daß er Hilfe brauchte. Marvin war zwar anderer Meinung, mußte aber zugeben, daß die Untersuchung doch ein paar interessante Punkte deutlich gemacht hatte.

Die Ergebnisse der Untersuchung wiesen ganz eindeutig darauf hin, daß das Unternehmen von seiner Konkurrenz überrollt werden würde, wenn es sich in seinem Denken, seiner Struktur und den Arbeitsabläufen nicht auf vier überaus wichtige Punkte konzentrieren würde. Und zwar mußte das Unternehmen so werden:

1. kundenorientiert
2. kosteneffektiv
3. schnell und flexibel
4. kontinuierlich besser

Wie schon häufig in letzter Zeit ging Marvin noch einmal sorgfältig jeden einzelnen Punkt durch.

1. Kundenorientiert

Marvin mußte nicht erst überzeugt werden, daß heutzutage der wirtschaftliche Erfolg allein vom Kunden abhängt. Und doch sehnte er sich manches Mal nach den alten Zeiten, als man sicher sein konnte, daß die Massenprodukte auch gekauft wurden, daß Konkurrenz lediglich örtlich begrenzt eine Rolle spielte und daß die Kunden nicht viel Auswahl hatten. Aber sozusagen über Nacht hatte sich alles verändert. Die Kunden von heute waren informiert und kritisch, und sie konnten aus einer Vielzahl von Produkten wählen. Außerdem hatte die Untersuchung klar und deutlich ergeben, daß jedes Unternehmen als zweitrangig galt, wenn nicht gar zum Untergang verurteilt war, das sich nicht auf die Wünsche und Bedürfnisse des Kunden einstellte.

2. Kosteneffektiv

Daß dieser Punkt sehr wichtig war, überraschte Marvin keineswegs. Kostenerhöhungen und harte Preiskämpfe mit der Konkurrenz waren dafür verantwortlich, daß die Gewinnspanne nur noch einen Bruchteil dessen betrug, womit man früher rechnen konnte. Firmen mußten heutzutage offensichtlich mit weitaus weniger sehr viel mehr leisten, wenn sie überleben wollten.

3. Schnell und flexibel

Marvin stöhnte jedesmal auf, wenn er an diesen Punkt dachte. Denn er besagte genau das Gegenteil dessen, was Marvin aus der Vergangenheit vertraut war und womit er sich wohl gefühlt hatte. Ihm hatte das alte Schema gefallen, nach dem die Entscheidungskompetenz hierarchisch nach oben hin zunahm. Dabei hatte er die Zeit und die Möglichkeit gehabt, Probleme wirklich anzupacken.

Die Untersuchung hatte allerdings ergeben, daß die heutigen Kunden andere Bedürfnisse haben und sich nicht mehr durch die verschiedenen Verwaltungsebenen hindurchkämpfen wollen. Solche bürokratischen Verkrustungen sind für ein Unternehmen lebensgefährlich wie zu hohe Cholesterinwerte. Wenn lange Wege von unten nach oben zurückgelegt werden müssen, bevor endgültig eine verbindliche Entscheidung getroffen wird und dann diese Entscheidung erst wieder über die verschiedenen Instanzen den Kunden erreicht, ist der längst woandershin gegangen. Dem Kunden war es doch gleichgültig, wer Marvin Pitts war oder wer sonst noch das Unternehmen leitete. Er wollte sofort mit einem kompetenten Vertreter der Firma verhandeln, alles andere war nebensächlich. Marvin bedauerte zwar, daß es so war, aber er wußte auch, daß das der Realität entsprach.

Der Kunde erwartete, daß seine erste Kontaktperson in der Firma schon bindende Entscheidungen treffen, Probleme lösen und sofort handeln konnte. Natürlich war Schnelligkeit ein wichtiger Faktor, und widerwillig begann Marvin, diesen Punkt zu akzeptieren.

4. Kontinuierlich besser

Von allen Seiten wurde Marvin heutzutage versichert, die Mitarbeiter in seinem Unternehmen müßten sich ihr Leben lang beruflich fortbilden. Jeder hatte die Vorstellung zu akzeptieren, daß die Firma heute besser dastehen mußte als gestern und morgen besser als heute. Marvin wußte, daß er vor einer schwierigen Aufgabe stand. Er mußte ein Unternehmen schaffen, das sich ständig selbst übertraf.

Während Marvin an alle diese Punkte dachte, holte er tief Luft und atmete dann langsam und etwas theatralisch wieder aus. Ja, diese Unternehmensberater hatten gut reden, dachte er. Empfehlungen waren immer leicht zu geben. Aber wer mußte dafür sorgen, daß ihre Ideen dann auch in die Praxis umgesetzt wurden? Er allein.

Als er sich wieder beruhigt hatte, sah Marvin ein, daß der Unternehmensberater mit seinen Vorschlägen recht hatte. Er wußte, daß seine Firma nur überleben konnte, wenn er aus ihr eine Organisation machte, die *kundenorientiert*, *kosteneffektiv*, *schnell und flexibel* war und *kontinuierlich besser* wurde. Aber wie sollte er das bewerkstelligen?

In einem waren sich alle beratenden Instanzen einig: Die Anzahl der Entscheidungsebenen mußte verringert werden, das Unternehmen mußte schlanker und sparsamer werden.

Wir müssen die versteckten schöpferischen Energien aller Mitarbeiter ans Licht holen. Man muß sie dazu bringen, Verantwortung zu übernehmen und ihre individuellen Talente und Fähigkeiten voll einzubringen. Jeder muß sich motiviert fühlen, für das Ziel des Unternehmens zu arbeiten, nämlich den Wünschen der Kunden besser zu entsprechen und das Unternehmen gleichzeitig finanziell gesunden zu lassen.

Empowerment, dachte Marvin. Er konnte dieses Wort schon nicht mehr hören. Es war heutzutage in aller Munde, war besonders bei den Unternehmensberatern beliebt, und selbst seine Vorstandsmitglieder konnten von nichts anderem mehr sprechen. Er stöhnte leise. Früher waren die Menschen schon froh, wenn sie einen Job hatten. Jetzt wollten sie mehr als das, jetzt sollte der Job ihnen auch noch Befriedigung bringen und ihnen das Gefühl geben, mit ihrer Arbeit zum Wohl der Firma beizutragen.

Notgedrungen hatte Marvin schon eine Reihe von Mitarbeitern entlassen und zwei Entscheidungsebenen abgeschafft. Wenn alles verschlankt und konzentriert werden sollte, dann bitte, so hatte er das vor sich selbst gerechtfertigt.

Das war vor neun Monaten gewesen. Marvin schüttelte den Kopf. Und doch hatte sich noch nichts verändert. Er sah aus dem Fenster in den strömenden Regen hinaus. Wer hatte seitdem schon ein Gefühl der Verantwortung entwickelt? Wer wollte schon wirklich einen echten Beitrag zum Wohl des Unternehmens leisten?

Es war traurig, aber wahr, jeder arbeitete eigentlich so weiter wie vorher, als er noch Teil einer vielschichtigen Firmenbürokratie gewesen war. Niemand in dieser angeblich verschlankten und kompetenten Organisation schien bereit zu sein, die Herausforderung zu größerer Leistung anzunehmen. Statt dessen hatte sich eher eine Atmosphäre der Lähmung breitgemacht.

Marvin suchte nach Zeichen der Veränderung. Er setzte sich mit Angestellten zum Gruppengespräch zusammen, ging in die Fabrik und unterhielt sich mit einzelnen Arbeitern, aber bisher war ihm noch nicht ein einziger Mitarbeiter begegnet, der sich empowert verhielt. Statt dessen schien jeder so weiterzumachen wie bisher, als die Firma noch nach diesem fatalen hierarchischen Schema geführt wurde. Aus all dem Gerede über die Notwendigkeit von Empowerment hatte Marvin geschlossen, daß eine Veränderung automatisch eintreten würde, wenn erst einmal das Downsizing den ganzen Laden erfaßt hatte. Aber das war offenbar ein Fehlschluß gewesen.

Wenn er in die Gesichter seiner Mitarbeiter sah, erblickte er nur Abwehr. Er hatte den Eindruck, daß für sie das Wort Empowerment nichts weiter war als eben nur ein Wort. Und das machte ihn verrückt.

Er mußte häufig an das alte Sprichwort denken: «Je mehr sich verändert, desto mehr bleibt alles beim alten», und wie immer durchfuhr es ihn kalt dabei. Ich wußte es ja, sagte er sich dann, Empowerment ist auch nur ein Schlagwort, mehr nicht.

Der empowernde Manager

Marvin saß an seinem Schreibtisch und war in einen Artikel vertieft. Trotz seiner Skepsis faszinierte ihn dieser Artikel. Der Autor war absolut sicher, daß Empowerment funktioniert und daß man sich nur ein wenig Zeit nehmen muß. Man könne nicht erwarten, daß Menschen schon deshalb empowert agieren, nur weil man es ihnen gesagt hat. Wer in der Vergangenheit keine Entscheidungen treffen durfte, würde auch jetzt nicht wissen, wie er sich zu verhalten habe.

In dem Artikel wurde als Beispiel die Sanierung einer Ausstattungsfirma gebracht, die offenbar den Beginn der neuen Informationsgesellschaft verschlafen hatte. Der Manager, ein gewisser Fitzwilliam, hatte dann seine Mitarbeiter dermaßen motiviert, daß sie sich bald so verantwortlich verhielten, als seien sie Teilhaber der Firma. Die Folge war eine vollkommene Kehrtwendung des Unternehmens, das plötzlich gute Erfolge verbuchen konnte. In dem Artikel wurde Fitzwilliam als «the Empowering Manager» bezeichnet.

Vielleicht sollte ich mich mal mit dem unterhalten, dachte Marvin. Die meisten Unternehmensberater, mit denen ich bisher zu tun hatte, hatten selbst nie als Manager gearbeitet. Vielleicht kann mir dieser Fitzwilliam ein paar praktische Ratschläge geben, so von Mann zu Mann.

Obgleich er eigentlich von der Idee überzeugt war, zauderte Marvin, bevor er die Auskunft wegen der Telefonnummer von Fitzwilliam anrief. Er haßte es, andere um Hilfe zu bitten. Seine Frau beklagte sich immer, daß er niemals anhielt und nach dem Weg fragte, wenn er sich verfahren hatte. Statt dessen fuhr er sinnlos im Kreise umher, um selbst zum Ziel zu finden. Nur wenn es überhaupt nicht anders ging, bat er um Hilfe.

Vielleicht ist dies so ein Fall, dachte Marvin. Mein Vorstand wird nicht ewig warten wollen, bis ich schließlich herausgefunden habe, wie die Firma wieder mit Profit arbeiten kann.

Marvin holte tief Luft und wählte schnell die Nummer. Nach zweimal Klingeln wurde abgehoben. «Hallo?» sagte eine Frauenstimme.

«Ich möchte gern Mr. Fitzwilliam sprechen», sagte Marvin.

«Am Apparat.»

Marvin schwieg verblüfft. Es war ihm nicht im Traum eingefallen, daß es sich bei Fitzwilliam um eine Frau handeln könnte. Empowerment war für ihn als Konzept schon schwer genug zu akzeptieren. Jetzt mußte er auch noch feststellen, daß Sandy Fitzwilliam eine Frau war!

Das ist wirklich allerhand, dachte Marvin. Unglaublich! Der sogenannte «Empowering Manager» ist eine Frau! Und sie nimmt auch noch selber ab!

Sandy Fitzwilliam unterbrach seine Gedanken. «Hallo? Sind Sie noch da?»

«Ja, ja, natürlich», stotterte Marvin.

«Was kann ich für Sie tun?» fragte die Frau höflich.

In Marvins Kopf jagte ein Gedanke den anderen. Auf der einen Seite war es ihm sehr unangenehm, um Hilfe zu bitten, und er hätte am liebsten aufgehängt, auf der anderen Seite wußte er keinen Ausweg mehr. Also begann er zögernd, die Lage seiner Firma zu schildern und um Rat zu bitten.

«Wir haben unsere Firma durchrationalisiert, so daß die Mitarbeiter mehr Initiative entfalten und schneller auf die Bedürfnisse des Kunden eingehen können. Aber sie zeigen nach wie vor wenig Initiative und überlassen die Entscheidungen lieber denjenigen, die in der Unternehmenshierarchie über ihnen stehen. Ich habe bei uns immer wieder von Empowerment gesprochen, und ich kann einfach nicht verstehen, warum ...»

«Worin genau besteht denn das Problem», unterbrach ihn «the Empowering Manager».

Marvin schluckte und überlegte einen Moment. Dann sagte er einfach: «Die Leute nehmen den Ball nicht an und laufen nicht los.»

«Ich will Sie mal etwas fragen», sagte die Frauenstimme. «Haben Sie jemals eine Minute nach Ladenschluß versucht, in ein Geschäft hineinzukommen, dessen Türen schon geschlossen waren? Haben Sie jemals erlebt, daß Sie etwas ganz dringend brauchten, daß aber die Verkäufer, die noch in dem Laden waren, auf Ihr Klopfen nicht reagierten, ja, nicht einmal hochsahen?»

«Ja, genau das ist mir vorige Woche passiert», rief Marvin empört.

«Wer war denn Ihrer Meinung nach daran schuld? Auf wen haben Sie geschimpft, als Sie unverrichteter Dinge nach Hause fuhren?»

«Auf die Verkäufer natürlich», sagte Marvin. «Ich wette, der Chef war nicht mehr da, und die Verkäufer wollten nur möglichst schnell nach Hause. Wahrscheinlich haben sie an mich da draußen keinen einzigen Gedanken verschwendet. Sie wollten nur ihren Feierabend.»

«Falsch», rief Fitzwilliam dazwischen.

«Was heißt hier falsch?» fragte Marvin aufgebracht.

«Natürlich wollten die Verkäufer nach Hause. Da haben Sie recht. Aber Sie haben unrecht, wenn Sie ihnen die Schuld daran geben, daß man Sie nicht mehr bediente. Der Besitzer des Geschäftes trägt die Verantwortung dafür. Offensichtlich hatte er seinen Angestellten nie das Gefühl gegeben, daß es sich hier auch um ihr Geschäft handelte. Sonst hätte man Ihnen ganz sicher die Tür geöffnet.»

Marvin überlegte schweigend.

«Ich möchte Sie noch etwas fragen», fuhr «the Empowering Manager» fort. «Wenn man Menschen vor die Wahl stellte, ihre

Arbeit mittelmäßig oder sehr gut auszuüben, wofür würden sie sich wohl entscheiden?»

«Natürlich sehr gut zu sein.»

«Sind Sie davon auch fest überzeugt? Oder sagen Sie das nur, weil Sie meinen, Sie sollten so denken?»

«Warum ist das wichtig?» fragte Marvin.

«Weil ich jetzt nicht unbegrenzt Zeit habe. Ich muß wissen, woran Sie mit ganzer Seele glauben. Wenn Ihnen nämlich dieses grundsätzliche Vertrauen in Menschen fehlt, dann können wir unser Gespräch gleich beenden.»

Marvin war baff. Donnerwetter, diese Frau kam ja sehr direkt zur Sache!

Dann sagte er zögernd: «Also, um ganz ehrlich zu sein, ich habe nicht besonders viel Vertrauen in die Menschen. Wahrscheinlich hat das zum Teil damit zu tun, daß ich eben noch in diesem alten hierarchischen Denken aufgewachsen bin, auch wenn ich schon seit längerem versuche, es zu überwinden. Wenn ich es mir genau überlege, dann ist es nur natürlich, daß Menschen lieber gut als mittelmäßig arbeiten, sofern sie die Wahl haben. Aber instinktiv glaube ich eben immer noch, daß der normale Mensch nicht besonders verantwortungsbewußt ist.»

«Ihre Ehrlichkeit gefällt mir», antwortete «the Empowering Manager». «Wer einsieht, daß er sich ändern muß, um mitzuhalten, der hat schon halb gewonnen. Das gilt besonders für denjenigen, der versteht, was Empowerment ist und was es nicht ist.»

«Das würde ich wirklich gerne wissen», sagte Marvin. «Ich habe ehrlich gesagt bisher noch keine gute Definition gehört.»

«Es geht dabei *nicht* darum, Menschen mehr Macht zu *geben*», erklärte sie. «Die Menschen besitzen schon durch ihr Wissen und ihre Motivation genug Macht, um wirklich Gutes in ihrem Beruf zu leisten. Wir definieren Empowerment als den Vorgang, der diese Macht aktiviert. Und ich muß zugeben», fügte sie mit gedämpfter Stimme hinzu, «daß ich das selbst erst mühevoll lernen mußte. Das Wichtigste am Empowerment ist eine Art von Mitbesitzermentalität, und die hat viel damit zu tun, was das Topmanagement von seinen Mitarbeitern hält. Zu viele leitende Angestellte halten immer noch an dem Glauben fest, daß ihre Leute täglich nur mit dem Vorsatz zur Arbeit kommen, so wenig wie möglich zu tun.»

«Das klingt ja furchtbar», sagte Marvin. «Gibt es wirklich noch so viele Manager, die so wenig Vertrauen in ihre Mitarbeiter haben?»

«Ich leite das nur von ihrem Verhalten ab», antwortete «the Empowering Manager». «Und ich sehe es an den Ergebnissen, die sie mit ihren Mitarbeitern erzielen. Es ist ja nicht so, daß die Leute in der Organisation nicht ihr Bestes tun könnten, sondern sie haben Angst davor. Die meisten Unternehmen halten es für wichtiger, ihre Leute bei Fehlern zu erwischen, als daß sie sie belohnen, wenn sie etwas richtig machen.»

Marvin überlegte eine Weile. «Da haben Sie wahrscheinlich recht», sagte er dann. «Ich habe selbst solche Unternehmen kennengelernt.» Er schwieg wieder und fuhr schließlich fort: «Das ist auch ein Teil des Problems in meiner Firma.» Nach einer kurzen Pause sagte er entschlossen: «Aber ich will nicht mehr ein solcher Vorgesetzter sein. Wenn wir konkurrenzfähig sein wollen, dann müssen unsere Leute zeigen wollen, wozu sie fähig sind.»

«Das klingt, als ob Sie es ernst meinen», sagte sie. «Und Sie werden wahrscheinlich mit Befriedigung sehen, wie Ihre Leute sich für die Belange der Firma einsetzen. Sie scheinen mir außerdem jemand zu sein, der Erfolg haben und nicht nur mittelmäßig bleiben will. Aber ich muß Sie daran erinnern, daß Empowerment mit den Wertvorstellungen des höheren Managements anfängt. Deshalb mußte ich zuerst einmal etwas über Ihre eigene Einstellung erfahren.»

«Habe ich denn die Prüfung bestanden?» fragte Marvin verlegen.

«Erst einmal ja. Können Sie am kommenden Dienstag um vierzehn Uhr in mein Büro kommen?»

Marvin überflog seinen Kalender. «Ja. Also dann – bis Dienstag!»

Bevor Sandy auflegte, sagte sie noch: «Wir wollen doch einmal sehen, ob wir Sie und Ihre Firma nicht auf den Weg ins Land des Empowerments bringen können.»

Am folgenden Dienstag, kurz vor vierzehn Uhr, parkte Marvin sein Auto auf dem Parkplatz von Sandy Fitzwilliams Firma. Er nahm sein Notizbuch vom Beifahrersitz, schlug die erste Seite auf und las den Satz, den er dort nach seinem Telefongespräch mit «the Empowering Manager» notiert hatte:

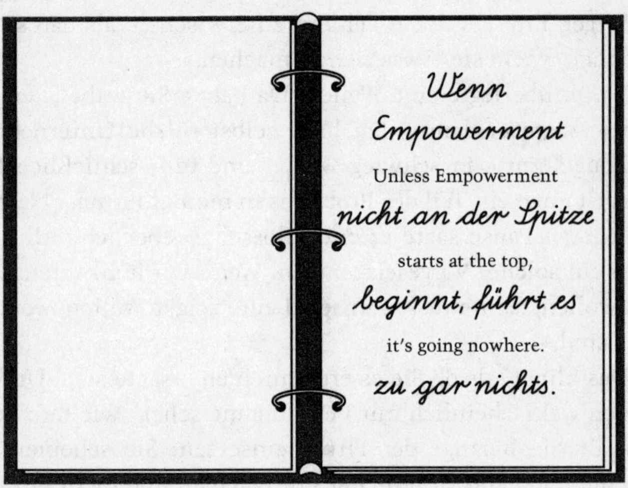

Das Land des Empowerments

«Gehen Sie nur hinein.» Die Vorzimmerdame von Sandy Fitzwilliam nickte Marvin lächelnd zu.

Als er in das Büro trat, stand «the Empowering Manager» am Fenster und sah hinaus. Sie wandte sich um, gab ihm fest die Hand und sagte: «Ich bin Sandy Fitzwilliam. Nett, daß Sie gekommen sind.»

«Vielen Dank, daß Sie sich für mich Zeit nehmen wollen», begann Marvin.

«Versprechen Sie sich nicht zuviel davon. Wir müssen erst einmal sehen, ob ich Ihnen überhaupt helfen kann.» Sandy sah ihn prüfend an. «Erinnern Sie sich, was ich ganz am Ende unseres Telefongesprächs gesagt habe?»

Marvin überlegte. «Nein, leider nicht.»

«Ich sagte, daß Sie eine Reise antreten müßten.»

«Ja, natürlich», Marvin nickte. «Sie sagten etwas von einer Reise in das Land des Empowerments. Das hört sich für mich ein wenig nach Disneyland an. Ich muß gestehen, ich weiß nicht so recht, was Sie damit meinen.»

«Es handelt sich nicht um ein Märchenland», erläuterte sie. «Es ist etwas ganz Reales. Was glauben Sie, ist damit gemeint?»

«Also ...» Marvin zögerte einen Augenblick und überlegte. «Aus dem Wort *Reise* könnte man schließen, daß es eine Weile dauern wird, bis man ankommt.»

Sandy nickte.

Ermutigt fuhr Marvin fort: «Ich muß dabei auch an Berichte von Abenteuern denken, wo der Held einem Weg folgen muß, der über steile Berge und durch dunkle Wälder führt, wo Unerwartetes geschehen kann und wo er viele Prüfungen bestehen muß.»

«Sehr gut!» Sandy lächelte ihm zu. «Und woran denken Sie, wenn Sie *Land des Empowerments* hören?»

«Es scheint mit Sicherheit ein Land zu sein, das sich von dem unterscheidet, in dem ich mich momentan befinde. Es klingt fremd und so, als wären die Sitten und Gebräuche der Einwohner andere als die, mit denen ich aufgewachsen bin.»

«Ausgezeichnet!» Sandy lächelte zufrieden. «Sie haben sich zwar anfangs gegen das Konzept gewehrt, aber es kommt mir so vor, als hätten Sie jetzt begriffen, daß die Reise länger dauern wird und nicht einfach sein wird. Besonders gut finde ich, daß Sie das Land des Empowerments als fremd empfinden. Die meisten von uns, die andere Menschen empowern wollen, stehen sich selbst im Wege, weil sie sich von ihrem traditionellen Denken nicht befreien können.»

«Ist das Ganze denn tatsächlich so kompliziert?» Marvin sah Sandy zweifelnd an.

Als sie ihn aber nur ruhig anblickte, lächelte er verlegen. «Das war eine dumme Frage. Ich wäre ja wohl nicht hier, wenn es so einfach wäre. Allerdings hatte ich gehofft, daß Sie mir eine Art Patentrezept geben könnten.»

Jetzt mußte Sandy lächeln. «Ich würde Ihnen keinen Gefallen tun, wenn ich Ihnen nur einen Vortrag darüber hielte, wie man Leute empowert, Ihnen dann ein Blatt Papier mit den wichtigsten Regeln in die Hand drückte und sagte: ‹Nun machen Sie mal!› Nach allem, was Sie bisher gehört haben, ist es vielleicht tatsächlich Ihr Wunsch, daß Ihre Leute die Initiative ergreifen. Aber vielleicht wissen diese Leute anfangs noch nicht, wie man empowert handelt. Um bei Ihrem Bild von dem fremden Land zu bleiben: Ihre Mitarbeiter kennen die Sprache und auch die Sitten und Gebräuche im Land des Empowerments noch nicht.»

Marvin nickte und machte sich eifrig Notizen.

«Und Sie übrigens auch nicht.»

Marvin blickte erstaunt hoch, und Sandy fuhr fort: «Sie und Ihre Manager sind vielleicht noch nicht in der Lage, mit empowerten Leuten zu arbeiten. Sie müssen lernen, auf eine ganz neue Art und Weise mit Ihren Mitarbeitern umzugehen. Dabei sind die Projekte selber und die Teamarbeit von Mitarbeitern mit unterschiedlichen Funktionen wichtiger als die traditionellen Arbeitsgruppen. – Erinnern Sie sich daran, was ich Ihnen am Telefon sagte? Beim Empowerment geht es nicht darum, Menschen Macht zu geben. Die haben sie schon!»

Marvin nickte, und Sandy wies auf eine große Schrifttafel an der Wand.

Die Menschen besitzen bereits Macht durch ihr Wissen und ihre Motivation. Empowerment bedeutet, diese Macht zu aktivieren.

Marvin sah sie ernst und nachdenklich an. Sandy sagte: «Auf jeden Fall wird es eine Weile dauern, bis Sie das Land des Empowerments erreicht haben. Diese Reise wird Sie und andere Mitglieder Ihres Unternehmens immer aufs neue vor Prüfungen stellen. Sie werden häufig ungeduldig sein, weil es keine schnellen Erfolge gibt, und Sie werden auch hin und wieder Rückschläge erleiden. – Sie und Ihre Mitarbeiter werden sich gewiß fragen, warum Sie jemals diese Reise begonnen haben und ob sie sich letzten Endes lohnen wird. Das einzige, was Sie bei der Stange halten kann, ist ein unerschütterlicher Glaube daran und ein tiefes Vertrauen in den Sinn der Reise.»

Sie machte eine kurze Pause und sah ihn dann fragend an: «Haben Sie jemals versucht, etwas zu erreichen, woran Sie mit ganzer Seele glaubten, und später erkannt, daß Sie es vollkommen verkehrt angefangen hatten?»

«Das ist mir schon häufiger passiert», gab Marvin zu.

«Diese Erfahrung werden Sie auch mit dem Empowerment Ihrer Leute gemacht haben. Sie sind doch zu mir gekommen, weil bisher alle Versuche, die Menschen in Ihrem Unternehmen zu empowern, fehlgeschlagen sind. Die Frage ist also: ‹Sind Sie bereit, auch den letzten Rest von Glauben an die alten Methoden aufzugeben?›»

Marvin antwortete nicht gleich. «Ja», sagte er dann, «falls ich verstehe, was Sie meinen.»

«Auf Grund meiner eigenen Erfahrung und der anderer kann ich sagen, daß diese Reise zu einer Reihe von Entdeckungen führen wird», sagte Sandy. «Eine von ihnen könnte sein, daß der Weg, den Sie gewählt haben, Sie nicht da hinführt, wohin Sie wollen. Das bedeutet, daß die Energie und die Planungsanstrengungen, die Sie aufgebracht haben, um Ihre Mitarbeiter zu empowern, unter Umständen in andere Bahnen geleitet werden müssen.»

«Deshalb haben Sie wohl gemeint, ich müßte an die Reise an sich glauben?»

«Genau.»

«Gut, ich glaube, ich beginne zu verstehen.» Marvin nickte. «Empowerment wird nicht plötzlich dasein. Ich muß Geduld haben. Aber wie kann ich wissen, ob ich überhaupt irgendwelche Fortschritte mache? Mein Vorstand wird etwas Definitives wissen wollen.»

«Ja, das ist nicht ganz leicht. Anfangs werden die Fortschritte nur sehr klein sein. Und doch ist es wichtig, daß man sie registriert und sie dann auch bewußt anerkennt. Erfolge müssen heute anders gemessen werden als früher. Früher gab es ganz klare Anzeichen für Erfolg, aber heutzutage befindet sich alles im Umbruch, und die traditionellen Maßstäbe treffen nicht mehr zu.»

«Hm, es sieht so aus, als müßte ich meinen Vorstand davon überzeugen, daß man zwar den Fortschritt messen kann, obgleich man vielleicht nicht sicher sein kann, zum Ziel zu kommen. Wir müssen eben auf eine neue Art und Weise den Erfolg erkennen lernen.» Marvin sah Sandy fragend an.

«Ja, das stimmt», sagte sie. «Es gibt aber noch andere Vorteile, die zwar weniger offensichtlich, dafür aber signifikant und von Dauer sind. Zum Beispiel haben Menschen in einer zum selbständigen Handeln anregenden Umgebung das Gefühl, sie seien Miteigentümer der Organisation. Wenn man offen und aufnahmebereit ist, dann wird man selbst dann Wichtiges lernen, wenn es einem so vorkommt, als sei man vom Wege abgekommen. Und gerade dann, wenn die Frustrationen Sie zu überwältigen drohen, lernen Sie sich als einen kennen, der sich in einen empowernden Menschen verwandelt. Weg und Ziel scheinen ein und dasselbe zu sein.»

«Das klingt gut», sagte Marvin, «aber kann man sich daran freuen, in anderen die Macht zum selbständigen Handeln freisetzen zu können, wenn man sich Gedanken darum machen muß, was einem selbst dann noch bleibt? Um ganz ehrlich zu sein, meine Kollegen und ich haben Bedenken, daß wir nicht nur Macht und Kontrolle, sondern vielleicht auch unsere Stellungen verlieren könnten, wenn die Mitarbeiter in Zukunft selbständig entscheiden.»

Sandy nickte verständnisvoll. «Ich gebe zu, das ist eine weit verbreitete Furcht. Als ich mit dem Empowerment anderer begann, hatte auch ich anfangs Angst, meine Stellung zu verlieren.

Dann aber wurde mir bewußt, daß man seine Stellung nicht verliert, wenn man anderen mehr Verantwortung überträgt, sondern daß die eigene Position sich nur inhaltlich etwas verschiebt. Man dirigiert, kontrolliert und beaufsichtigt die Mitarbeiter nicht mehr wie früher, sondern man wird zum Bindeglied zwischen den eigenen Mitarbeitern und dem Rest der Organisation.»

«Was meinen Sie mit Bindeglied?» Marvin sah sie fragend an.

«In Ihrer neuen Rolle müssen Sie mehr koordinieren, müssen Ressourcen ausfindig machen, strategisch planen, mit den Kunden arbeiten, Mitarbeiter trainieren und ähnliches. Sie tun alles, damit Ihre Leute effektiver arbeiten können. Sie arbeiten für Ihre Leute und nicht die für Sie.»

Die beiden Topmanager saßen in Gedanken versunken da. Das war offensichtlich ein wichtiger Punkt.

Schließlich brach Sandy das Schweigen. «Glauben Sie mir: Diese neue Rolle wird Ihnen immer deutlicher werden, je mehr Sie über Empowerment wissen.»

«Gut, damit muß ich mich wohl im Moment zufriedengeben.» Marvin lächelte.

«Sind Sie also bereit, sich auf die Reise in das Land des Empowerments zu begeben?»

«Ich glaube schon. Wo fange ich an?»

Sandy deutete auf die Tür. «Dort draußen mit meinen Kollegen in unserem Betrieb.»

«Ihren Kollegen?» wiederholte Marvin.

Sandy nickte. «Jeder, der in dieser Organisation arbeitet, gleichgültig in welcher Funktion, ist mein Kollege, mein Mitarbeiter, mein Partner. Wenn ich ein Umfeld schaffe, das allen ermöglicht, aus diesem Unternehmen eine vorbildliche Organisation zu machen, dann bedeutet das, daß jeder das jeden Tag durch jede seiner Handlungen beweisen kann. Meine Mitarbeiter können Ihnen also am besten alles Notwendige erzählen.» Sie stand auf, brachte Marvin zur Tür und verabschiedete sich von ihm.

Marvin blickte sich etwas verwirrt um. Er trat an den Schreibtisch der Vorzimmerdame. «Ich bin Marvin Pitts», sagte er.

«Ich weiß.» Die Frau lächelte.

«Sind Sie die Sekretärin von Mrs. Fitzwilliam?»

«Ich bin ihre Kollegin.» Sie sah ihn ruhig an.

Marvin hatte geahnt, daß sie das sagen würde.

Die Frau lächelte. «Ich heiße Amelia Engel. Wie kann ich Ihnen behilflich sein?»

«Ich möchte gerne herausfinden, wie das Prinzip des Empowerments in diesem Unternehmen funktioniert. Am liebsten würde ich mit einigen Ihrer – äh: Kollegen sprechen.»

«Wir alle sind daran beteiligt, aus diesem Betrieb eine empowerte Organisation zu machen, in der jeder selbständig Entscheidungen treffen kann», antwortete Amelia. «Jeder hier könnte Ihnen also helfen.»

«Vielleicht sollte ich unten anfangen. Dort ist Empowerment, die Ausstattung mit Vollmachten, sicher besonders nötig.»

«Eigentlich nicht.» Amelia lächelte. «Jeder hier, der mit Kunden zu tun hat, gehört zur Spitze.»

«Schon gut, schon gut», lachte Marvin. «Dann sollte ich vielleicht an der Spitze beginnen?»

«Ich schlage vor, Sie sprechen mit Robert Borders von der Rechnungsabteilung.» Amelia griff zum Telefonhörer. «Dort hat man enorme Fortschritte gemacht. Fehler bei der Rechnungsstellung konnten um 37 Prozent gesenkt werden, und der Zeitaufwand, um eine Reklamation eines Kunden zu beantworten, konnte um 50 Prozent reduziert werden. Ich schau mal, ob Robert Zeit hat.»

Die erste Schlüsselbedingung: Jeder muß Zugang zu allen Informationen haben

Kurz darauf hatte Marvin seinen Weg in die Reklamationsabteilung der Rechnungszentrale gefunden, wo er sich mit Robert treffen sollte.

Er war überrascht, daß hier alles so ähnlich aussah wie in seiner eigenen Firma. Man arbeitete mit den gleichen Geräten, und die Menschen, die sie bedienten, sahen auch nicht anders aus als seine Leute. Aber er wußte nicht, was er erwartet hatte.

Ein junger Mann trat auf ihn zu. «Guten Tag, ich bin Robert Borders. Sie müssen Marvin Pitts sein. Amelia hat Sie mir schon angekündigt. Was kann ich für Sie tun?»

«Ich habe gerade mit Sandy Fitzwilliam gesprochen und würde mich jetzt gerne mit ein paar Mitarbeitern hier im Hause über das Thema Empowerment unterhalten. Ich möchte nämlich schon Empowerment bei uns einführen, habe aber meine Zweifel. Ich habe versucht, meine Mitarbeiter mit Empowerment auszustatten, aber ehrlich gesagt hat sich dadurch nicht viel geändert.»

«Seit wann versuchen Sie es denn schon?»

«Seit neun Monaten.»

Robert nickte. «Jeder hat am Anfang Zweifel. Aber das ist auch verständlich. Man erwartet von den Mitarbeitern, etwas im bloßen Vertrauen darauf zu tun, daß es ihnen nützen wird. Sie haben nicht nur keine Erfahrung, was es bedeutet, mehr Entscheidungsfreiheit zu haben, sondern in vielen Fällen hat man die Möglichkeiten ihrer bisherigen Position noch eingeschränkt. Anfangs weiß auch niemand, wie das Ganze funktionieren soll. Man hat kein Gefühl für WNEM.»

«Was heißt WNEM?»

«Das heißt: ‹Was nützt es mir?› Man kann es den Leuten nicht übelnehmen, wenn sie skeptisch sind. Zu häufig ist das eine oder andere Programm an ihnen ausprobiert worden. Und hier handelt es sich vielleicht wieder nur um das Programm des Monats zur Effizienzsteigerung. Wenigstens bei uns stand man Neuerungen ausgesprochen skeptisch gegenüber.

Als Sandy uns erzählte, daß sie eine Organisation aufbauen wolle, in der alle gleichberechtigt wären und das Potential jedes einzelnen genutzt werden sollte, dachten wir, sie spinnt.»

«Das würde erklären, warum meine Leute sich trotz meiner Anstrengungen nicht anders verhalten als vorher.» Marvin sah nachdenklich zu Boden. «Einstellungen ändern sich eben nur ganz langsam.»

«Ja, es braucht Zeit. Erst dachten wir, daß Sandy keine Ahnung hätte, wovon sie sprach. Aber jetzt wissen wir, daß sie recht hatte.» Robert lächelte. «Nicht nur, daß sich die Leute hier besser fühlen. Wir leisten auch viel mehr als vorher, sind viel effizienter. Wir haben mehr Selbstvertrauen, haben ein besseres Verhältnis zu den leitenden Angestellten und zu dem ganzen Unternehmen. Wir haben das Gefühl, Miteigentümer und im Besitz von Empowerment zu sein.»

«Das läßt sich leicht sagen.» Marvin wurde allmählich ein wenig ungeduldig. Es irritierte ihn, daß Robert offensichtlich so zufrieden war mit seiner Abteilung. «Wie haben Sie das erreicht? Irgend etwas muß doch geschehen sein, wodurch diese Energie freigesetzt wurde. Das kommt doch nicht einfach so!»

«Information», warf Robert ein.

«Information?» Marvin sah ihn ungläubig an.

«Ja. Informationen darüber, wie das Geschäft läuft, über Gewinn und Verlust, über den Etat, Marktanteile, Produktivität, Mängel und so weiter.»

Robert fischte eine kleine Karte aus seiner Hemdtasche und hielt sie Marvin hin:

Die erste Schlüsselbedingung:
The first key is
Jeder muß Zugang zu allen
to share information with everyone.
Informationen haben.

«Ich verstehe das nicht ganz», sagte Marvin. «Jeder Mitarbeiter der Organisation soll alles über die Leistung des Unternehmens erfahren? Das könnte doch zu Chaos und Anarchie führen. Ich kann mir nicht vorstellen, daß das in meiner Firma möglich wäre. Und ich glaube auch, daß viele andere sich damit schwertun würden.»

«Dann können Sie keine empowerte Organisation aufbauen.» Robert schwieg, um dem Gesagten Nachdruck zu verleihen. Dann fuhr er fort: «Ich muß Ihnen etwas sagen. Ich weiß, Sie sind der Präsident Ihres Unternehmens, und vielleicht würde ich aus Respekt vor Ihrer Position zögern, so offen mit Ihnen zu sprechen, wenn ich nicht Sandy als Beispiel hätte. Aber das ist genau das Problem: der empfundene Statusunterschied verschiedener Positionen in einem Unternehmen, ein Relikt aus alten hierarchischen Zeiten. Diese spürbare Trennung zwischen Vorgesetztem und Untergebenen ist in den heutigen Wirtschaftsunternehmen nicht mehr angebracht, sondern stellt eher ein Hindernis für den Erfolg dar. Wer heute Erfolg haben will, muß auf Teamarbeit setzen.» Robert schwieg.

Marvin verschränkte die Arme und sah Robert nur an. Diese Unterhaltung schien ihm bisher nicht besonders hilfreich zu sein. Aber dann bat er Robert mit einem kurzen Kopfnicken, doch fortzufahren.

«Sie können natürlich jederzeit aufstehen und weggehen», sagte Robert langsam und wandte den Blick nicht von Marvin.

«Sie können das für falsch halten, was ich sage, und bei dieser Meinung bleiben, bis Sie schwarz werden. Tatsache ist, daß die Firmenchefs, die ihre Informationen ihren Leuten nicht zugänglich machen, niemals ein Unternehmen führen werden, in dem der einzelne sich traut, selbständig Entscheidungen zu treffen. Deren Angestellte und Arbeiter werden niemals gemeinsam mit den Vorgesetzten das Unternehmen partnerschaftlich und damit erfolgreich führen. Der Akt des Informationsaustausches ist unumgänglich, wenn man eine Organisation empowern möchte. Darum wird das als die erste Schlüsselbedingung bezeichnet.»

Marvin lachte kurz auf; er fühlte sich unbehaglich. «Sie verlangen eine totale Umkehrung des Denkens.»

«Ja, das stimmt», sagte Robert ernst. «Jeder Mensch, der auf dem Gebiet der Wirtschaft führend ist, muß erst gegen sich selbst diesen Kampf gegen Gewohnheit und Tradition gewinnen. Jeder Chef muß voller Vertrauen diesen Sprung ins Ungewisse machen. Die wichtigste Veränderung ist die, die in Ihrer eigenen Einstellung stattfindet.»

«Das wäre für mich wirklich ein sehr großer erster Schritt», sagte Marvin mit Nachdruck.

«Natürlich.» Robert nickte verständnisvoll. «Sie sind einer dieser Topmanager, die mittendrin stehen in einer gewaltigen Umwälzung.»

«Was für einer Umwälzung?»

«Wir verstehen darunter den gewaltigen, allumfassenden Zusammenbruch traditioneller Grenzen auf Grund einer plötzlichen Informationsexplosion. Information reißt die trennenden Mauern auf der ganzen Welt ein. Momentan geschieht das in all unseren Institutionen gleichzeitig und kann ausgesprochen angsterregend sein.

Hindernisse, die die Kommunikation unmöglich machten wie der Eiserne Vorhang, die Berliner Mauer oder auch die südafrikanische Apartheid, fingen schon zu bröckeln an, lange bevor irgend jemand den Zusammenbruch offiziell bestätigte. Warum? Der Informationsfluß konnte nicht länger aufgehalten werden, sosehr man sich auch bemühte.»

«Es ist wie ein altmodischer Eiswürfelbehälter aus Metall, den man gerade mit Wasser gefüllt hat», sagte Marvin langsam und nachdenklich. «Die Wasserquadrate sind alle voneinander getrennt. Wenn aber jemand den Einsatz herausnimmt ...»

«Dann fließt das Wasser zusammen und bildet eine Einheit. Das ist ein sehr guter Vergleich», sagte Robert lebhaft. «Genau das findet statt. Aber für Chefs wie Sie und mich, die in einer anderen Tradition aufgewachsen sind, ist es schwierig, die Information plötzlich jedem zugänglich zu machen. Es verlangt Mut. Sie dürfen aber nicht warten, bis Sie innerlich fest davon überzeugt sind, daß es das Richtige ist. Sie müssen einfach voll Vertrauen den Sprung ins kalte Wasser wagen. Später haben Sie Zeit dazu, auch wirklich zu empfinden, daß es der richtige Weg ist.»

«Ich soll es einfach tun?» Marvin sah den anderen zweifelnd an. «Und wie ist es mit privilegierter Information?»

«Was verstehen Sie unter privilegierter Information?»

«Sie wissen schon, was ich meine. Vertrauliche Information für nur wenige über etwas, was wahrscheinlich nicht jeder wissen sollte», erklärte Marvin.

«Was würden Sie empfinden, wenn Sie zu denjenigen gehörten, denen die privilegierten Informationen vorenthalten werden, vor allen Dingen, wenn Sie genau wüßten, daß sie wahrscheinlich über jeden Computer zu bekommen wären?»

Darauf war Marvin nicht vorbereitet gewesen. Er zögerte einen Augenblick und lächelte dann. «Ich wäre wahrscheinlich ziemlich wütend und würde mich ausgeschlossen fühlen.»

«Das glaube ich auch.» Robert lachte. «Wenn einem Informationen vorenthalten werden, kann das alles mögliche bedeuten. Aber jeder nimmt es erst einmal persönlich: ‹Ich soll davon nichts wissen. Man vertraut mir nicht. Sie glauben, ich würde mein Wissen mißbrauchen. Sie glauben, ich bin zu dumm, um die Information zu verstehen.› Und so weiter.»

«Die Leute haben das Gefühl, man vertraut ihnen nicht», wiederholte Marvin. Er begriff allmählich, warum es wichtig sein konnte, Informationen nicht für sich zu behalten.

Robert nickte. «Und auf der anderen Seite gibt es keine bessere Art und Weise, anderen sein Vertrauen zu beweisen, als daß man ihnen wichtige Informationen zukommen läßt. Informationen, die die Firma betreffen, waren früher nur einigen Auserwählten zugänglich, und die meisten von uns waren davon ausgeschlossen. Als Sandy aber anfing, mit uns über die Situation der Firma zu sprechen, machte sie uns damit deutlich, daß sie uns vertraute. Sie wollte, daß wir unser Wissen und unsere Fähigkeiten zum Wohl der Firma einsetzten.»

«Sie meinen also, daß Vertrauen unbedingt eine Voraussetzung für ein empowertes Unternehmen ist?»

Robert nickte eifrig. «Wenn Mitglieder der Organisation nicht das Gefühl haben, daß ihnen vertraut wird, können keine wirksamen Entscheidungen mehr getroffen werden. Solche Mitarbeiter fühlen sich nicht zum Entscheiden und Handeln ermächtigt und verhalten sich entsprechend. Es ist doch so:

Menschen, die nicht informiert sind,
können nicht
verantwortungsvoll handeln.
Menschen, die informiert sind,
wollen
verantwortlich handeln.

«Das leuchtet mir ein», sagte Marvin leise und nachdenklich.

«Es ist der Kern der Sache», fuhr Robert fort. «Wenn Menschen Informationen fehlen, können sie ihre eigene Arbeit nicht kritisch beurteilen und können deshalb auch selten richtige Entscheidungen treffen. Das ist nur möglich, wenn sie die nötigen Informationen besitzen.»

Marvin mußte an sein eigenes Unternehmen denken. Ihm wurde klar, daß seinen Leuten die Informationen nicht zugänglich waren, um die wirtschaftliche Situation und die Leistungen des Unternehmens wirklich verstehen zu können. Ihnen fehlte auch ein grundsätzliches Vertrauen in die Firma. Ihm wurde deutlich, daß seine Leute verantwortungsvoller arbeiten würden, wenn man sie auch über das informierte, was früher Privileg einiger weniger gewesen war, so, wie Sandy es in ihrer Firma getan hatte. Sie würden das Gefühl haben, daß man ihnen vertraute, und würden deshalb ihrerseits dem Management mehr vertrauen.

Plötzlich kam Marvin ein Gedanke, der ihm sofort einleuchtete. Er schrieb schnell etwas in sein Notizbuch und sah dann Robert gerade ins Gesicht. «Natürlich! Sie wollen damit sagen, daß die Information sozusagen die *Währung* im Land des Empowerments darstellt, für die man Verantwortungsgefühl und Vertrauen kaufen kann.»

Robert nickte lächelnd. «Jeder Chef möchte, daß seine Leute verantwortlich handeln und vertrauenswürdig sind. Wie aber findet man Mitarbeiter mit solchen Eigenschaften? Es gibt nur einen Weg.»

«Man vertraut ihnen wichtige Informationen an», sagte Marvin.

«Ja, aber das bedeutet aktives Handeln und nicht nur Lächeln und schöne Worte. Man muß ihnen sein Vertrauen beweisen, dadurch, daß man sie informiert, selbst über prekäre Aspekte der Organisation. Wurde in Ihrem Unternehmen viel über Mitarbeiter-Empowerment gesprochen?»

«Ja, das kann man sagen. Allerdings ohne Erfolg.»

«Das war bei uns genauso.» Robert lächelte verständnisvoll. «Als wir vor mehreren Jahren begannen, uns mit diesem Thema zu beschäftigen, kam nichts weiter dabei heraus als schönes Gerede. Kein Mensch glaubte daran, daß sich wirklich etwas ändern würde. Wir alle dachten, das sei nichts weiter als der letzte Schrei. Einer meiner Kollegen, der schon lange in der Firma arbeitet, sagte sogar: ‹Abwarten! Auch dies geht vorbei.›

Sandy brachte unbeirrt ihre Botschaft unters Volk: ‹Du mußt felsenfest glauben, daß in der Belegschaft ein Wunder geschieht.› Doch wir wußten nicht, ob sie und die anderen Manager es wirklich ernst meinten. Erst als sie begann, uns über Umsatz, Gewinne und echte Marktanteile zu informieren, was früher nie geschehen war, fingen wir an, ihr zu glauben. Dieses Vertrauen gab uns die Sicherheit: Hier darf man selber denken und sein Wissen und Können voll einsetzen.»

Marvin blickte wieder auf die Karte, die Robert ihm gegeben hatte. «Ich verstehe allmählich, warum Sie das als ersten Schlüssel zum Erfolg bezeichnen. Bisher habe ich das Weitergeben von Informationen immer nur als etwas rein Funktionelles betrachtet. Informationen erhielten diejenigen, die damit arbeiten mußten. Als Sie mir diese Karte in die Hand gaben, habe ich mich anfangs etwas gesträubt. Ich verstand nicht, warum jeder all diese Informationen braucht, um seine Arbeit zu tun. Jetzt sehe ich ein, daß man diese Informationen braucht, um verantwortlich zu arbeiten und das Gefühl zu haben, daß einem vertraut wird.»

«Genau so ist es!» rief Robert aus.

Marvin sah ihn abwartend an. «Wie ist es aber mit den Zielen?» Er seufzte. «Ich habe immer geglaubt, daß man in einer Organisation zuerst Ziele setzen muß. Wenn bei Ihnen die Information Priorität hat, wo bleiben dann die Ziele?»

Robert lächelte. «Ich habe schon auf diese Frage gewartet. Jeder will das wissen. Ziele sind nach wie vor sehr wichtig.

In den meisten Organisationen werden die Ziele für die nächste Zeit auf der Führungsebene beschlossen. Diese Zielvorgaben werden dann in der Hierarchie nach unten weitergereicht. Der normale Angestellte fühlt keine besondere Verpflichtung, diese Ziele zu erreichen, denn er war ja nicht dabei, als sie aufgestellt wurden. Ich glaube, Sie können sich jetzt vorstellen, warum das in einem empowerten Unternehmen nicht funktionieren kann. Um die traditionelle hierarchische Vorstellung abzubauen, gedacht werden könne und dürfe nur ganz oben, muß man zuallererst Vertrauen aufbauen. Wenn die Informationen mit allen geteilt werden und alle sich gemeinsam auf den Weg ins Land des Empowerments begeben haben, dann gewinnt die Zielsetzung wirklich Bedeutung.»

«Sie meinen also, man sollte erst einmal abwarten?»

«Ja.» Robert nickte. «Vergessen Sie nicht, daß das Teilhabenlassen an Informationen nur der erste Schritt auf dieser Entdekkungsreise ist. Ich würde Ihnen gern mehr darüber erzählen, aber ich muß jetzt unbedingt wieder zurück an die Arbeit. Wie wäre es, wenn Sie mit einigen meiner Kollegen über zusätzliche Schlüsselbedingungen für das Empowerment von Mitarbeitern sprechen würden? Janet Wo zum Beispiel arbeitet in der Produktion, und wir haben häufig miteinander zu tun. Ich weiß, daß sie heute nachmittag eine Sitzung hat, aber ich kann sie gern einmal anrufen und fragen, ob sie morgen vormittag für Sie Zeit hat.»

Nach einem kurzen Telefongespräch war eine Verabredung für den nächsten Morgen um acht Uhr getroffen. Als Marvin aus dem Gebäude auf den Parkplatz trat, ging ihm immer noch alles im Kopf herum, was er über das Austauschen von Informationen gelernt hatte. Er setzte sich in sein Auto und konzentrierte sich in den nächsten Minuten darauf, aufzuschreiben, was er gelernt hatte:

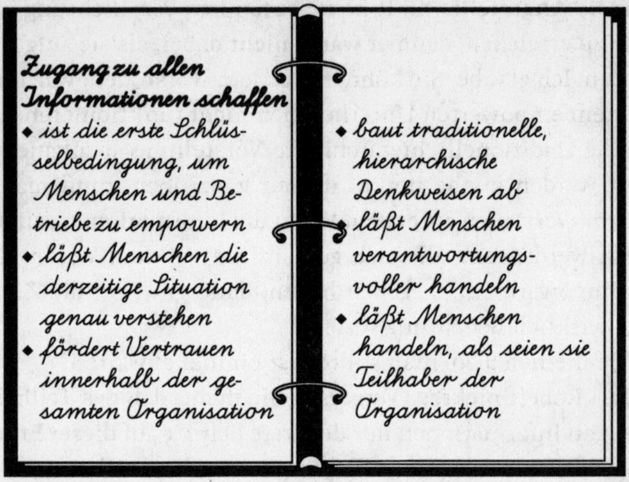

Auf dem Weg nach Hause dachte Marvin darüber nach, wie sehr all das Neue, das er gelernt hatte, doch dem widersprach, was er bisher für richtig gehalten hatte. Wie wohl die anderen Schlüsselbedingungen aussehen, dachte er. Ob sie ihn ebenso überraschen würden wie die erste?

Die zweite Schlüsselbedingung: Autonomie durch Abgrenzung

Am nächsten Morgen war Marvin wieder pünktlich zur Stelle. Als er die Produktionsabteilung betrat, kam ihm eine Frau entgegen, die sich als Janet Wo vorstellte.

«Ich habe gehört, daß Sie schon mit zwei meiner Kollegen gesprochen haben», sagte Janet, «mit Sandy Fitzwilliam und mit Robert Borders. Dieses ganze Zeug über das Empowerment von Mitarbeitern kann zu Anfang ziemlich verwirrend sein. Wenn ich daran denke, wie ich zuerst darauf reagierte – ich kann mir vorstellen, daß Ihnen der Kopf schwirrt.»

«Da haben Sie recht», sagte Marvin. «Es hat mich sehr überrascht, daß bereits eine offene Informationspolitik schon Vertrauen innerhalb einer Organisation schaffen und die Arbeit der Mitarbeiter verbessern kann. Aber das allein kann nicht ausreichen. Was kommt als nächstes?»

«Bevor ich das beantworten kann, bitte ich Sie, folgendes vom Standpunkt des Managements aus zu überlegen. Was ist Ihrer Meinung nach wichtiger für das Empowerment von Menschen: mehr Struktur oder weniger?»

«Natürlich weniger Struktur. Um Menschen zu empowern, muß man sie frei machen und gerade nicht reglementieren.»

«Okay», sagte Janet unverbindlich. «Jetzt überlegen Sie, wo sich Ihre Mitarbeiter befinden, wenn sie sich auf den Weg in das Land des Empowerments machen. Wahrscheinlich haben Ihre Leute schon einmal etwas darüber gehört, und die meisten finden die Vorstellung, mehr Vollmachten zu besitzen, auch angenehm. Aber wieviel Erfahrung haben sie auf diesem Gebiet?»

«Überhaupt keine.»

«Ja, das stimmt.»

«Ich verstehe, was Sie meinen», sagte Marvin langsam. «Sie wären verloren. Vielleicht brauchen sie doch ein wenig Struktur.»

«Ja, aber eine andere Art von Struktur.» Janet reichte Marvin ebenfalls eine kleine Karte, auf der stand:

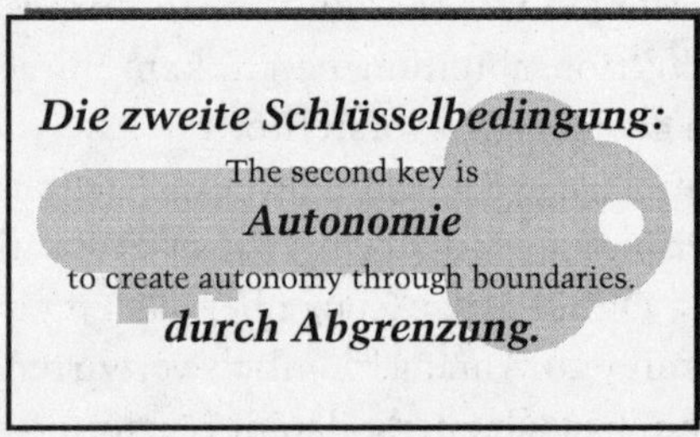

«Die Menschen müssen lernen, auf eine neue Art und Weise zu denken und zusammenzuarbeiten», erklärte Janet. «Um ein Gleichnis zu gebrauchen: In den Zeiten, als man noch mit Pferd und Wagen fuhr, gab man dem Tier nur ein Zeichen mit den Zügeln, und das Pferd trabte nach Hause. Das funktionierte nur, weil das Pferd den Weg kannte. Das tat man aber nie, wenn man sich auf einen neuen, dem Pferd unbekannten Weg begab.»

«Meinen Sie damit, daß Menschen ohne Richtlinien wieder in ihre alten Gewohnheiten der Unselbständigkeit verfallen würden, weil ihnen dieses Verhalten vertraut ist?»

Janet nickte. «Ja. Abgrenzung hat die Fähigkeit, Energien in eine bestimmte Richtung zu lenken. Es ist wie bei einem Fluß. Ohne seine Ufer ist er kein Fluß mehr. Seine Strömung und Zielrichtung wären nicht mehr vorhanden.»

«Ja, ein Fluß ohne Ufer wäre nur eine sehr große Pfütze.» Marvin lachte. «Ich verstehe, was Sie meinen. Sie wollen, daß die Energie der Mitarbeiter gerichtet ist und Wirkung hat.»

«Ja, und denken Sie daran, daß es auch eine gewisse Sicherheit bedeutet, Abgrenzungen zu haben. Wie würde es Ihnen gefallen, Tennis nur mit einem Netz, aber ohne Platzbegrenzungen zu spielen. Sie wüßten dann weder, wie Sie zählen sollten, noch, wann Sie gut spielen oder wie Sie Ihre Leistung steigern könnten.»

Marvin überlegte ein paar Sekunden und sagte dann: «Ich fragte Robert, wie es mit der Zielsetzung ist, und er sagte mir, daß ich Geduld haben müsse. Sind Ziele nicht ein wichtiger Teil dieses Abgrenzungsprozesses?»

«Sicherlich. Aber es gibt noch andere Arten von Abgrenzungen, die nichts mit Zielsetzung zu tun haben.» Janet ging zu einem Aktenschrank und suchte ein Papier heraus. «Hier ist eine Liste der wichtigsten Bereiche, für die wir neue Abgrenzungen schaffen wollen.»

Abgrenzungsbereiche, die Autonomie schaffen

1. Zweck	In welcher Branche sind Sie tätig?
2. Werte	Was sind die Richtlinien für Ihr Handeln?
3. Entwurf	Was haben Sie für ein Bild von der Zukunft?
4. Ziele	Was, wann, wo und wie tun Sie das, was Sie tun?
5. Rollen	Wer macht was?
6. Organisatorische Strukturen und Systeme	Wie stellen Sie das auf die Beine, was Sie machen wollen?

«Es sieht ja aus, als ob da viel strukturiert und abgegrenzt werden muß», sagte Marvin, nachdem er sich die Liste gründlich angesehen hatte.

«Ja, das stimmt», gab Janet zu. «Aber es muß nicht alles gleichzeitig geschehen, das geht auch gar nicht. Es muß getan werden, wenn es gebraucht wird. In unserer Firma begann es damit, daß die Unternehmensleitung eine bezwingende Vision unseres Hauses als einer empowerten Organisation entwarf.»

«Eine bezwingende Vision», wiederholte Marvin.

«Ja. Diese verführerische und gleichzeitig unwiderstehliche Vision umfaßt die ersten drei Abgrenzungsbereiche auf der Liste. Sie berücksichtigt die emotionalen und intellektuellen Eigenschaften der Mitglieder Ihrer Organisation und kristallisiert ihre Bedürfnisse, Wünsche, Werte und Glaubensvorstellungen heraus. Um eine solche Vision zu schaffen, muß ein Bild oder *Entwurf* der Zukunft artikuliert werden, das den *Zweck* Ihrer Organisation deutlich macht – also in was für einer Branche Sie tätig sind – und die richtunggebenden *Werte* vor Augen führt.»

«Geben Sie mir bitte ein Beispiel.»

«Kein Problem. Steve Jobs von Apple Computer zum Beispiel hatte die Vorstellung, daß jeder Mensch seinen persönlichen Computer haben sollte. Der *Zweck* seines Unternehmens war es also, preiswerte Informationssysteme zu bauen und zu vertreiben – Computer. Dieses Vorhaben wurde von der *Wert*vorstellung geleitet, jedem und nicht nur ein paar auserwählten Experten einen Computer zur Verfügung zu stellen, der leicht zu bedienen ist. Der *Entwurf* für die Zukunft war ein Computer auf jedem Schreibtisch und in jedem Haus. Als seine Vision feste Formen annahm, wurde ihm auch klar, wie er sie verwirklichen könnte, und Jobs war in der Lage, eine Methode zu entwickeln, die es ihm ermöglichte, PCs einer sehr guten Qualität in großen Mengen herzustellen. Eine verführerische, unwiderstehliche Vision schafft das umfassende Zukunftsbild für Ihr Unternehmen.»

«War denn jeder daran beteiligt, diese Zukunftsvision zu definieren?»

«Ja, das kann man sagen.» Janet lächelte. «Jeder einzelne in jeder Abteilung übersetzte die Vision in Rollen und Ziele, die ihn persönlich betrafen. Wir nennen das die Definition im Detail.» Sie dachte kurz nach und fuhr dann fort: «Ich mache mir die Dinge gern bildlich klar. In diesem Fall denke ich an ein Puzzle. Die Vision des gesamten Unternehmens ist das große Bild, das sich wie ein Puzzle aus Einzelteilen zusammensetzt. Die Aufgabe eines jeden einzelnen entspricht einem Puzzleteil. Jedes Teil zeigt ein Stück des Gesamtbildes. Auf unser Unternehmen übertragen bedeutet das, daß jede Rolle zum Entstehen des Gesamtbildes beiträgt.»

«Dann ist ja das Einzelbild eines jeden Mitarbeiters ziemlich wichtig», sagte Marvin.

«Selbstverständlich. Das Gesamtbild wird in spezifische Aktionen aufgeteilt, die der Mitarbeiter übernimmt. Diese Handlungen sind zielgerichtet. Damit Mitarbeiter effektiv sein können, müssen sie sowohl das Gesamtbild vor Augen haben als auch ihre Rolle erkennen können, die zu der Vollendung des Gesamtbildes beiträgt.»

«Ziele werden in den meisten Unternehmen gesetzt.» Marvin sah Janet etwas zweifelnd an. «Wie läuft das denn bei Ihnen ab im Kontext von Empowerment?»

«Uns kommt es bei der Zielsetzung darauf an, daß Energien fokussiert werden. Ohne deutliche Ziele können viele Energien verschwendet werden.»

«Energien verschwendet?»

«Ja.» Janet nickte nachdrücklich. «Haben Sie jemals Ihre Mitarbeiter eine Liste von zehn Punkten aufstellen lassen, für die sie glauben, Ihnen verantwortlich zu sein?»

«Warum sollte ich das tun?» Marvin schüttelte verwundert den Kopf. «Wir sagen ihnen, was erwartet wird, und alle bekommen einmal im Jahr eine Leistungsbeurteilung.»

«Da haben Sie vielleicht gerade Ihren Finger auf eines Ihrer größten Probleme gelegt. Sagen Sie mir doch, wie fühlen sich Ihre Leute nach dem Beurteilungsgespräch mit Ihnen? Fühlen sie sich in ihrer Wichtigkeit bestätigt, oder reagieren sie überrascht?»

Marvin dachte an die letzten drei Beurteilungsgespräche. «Wenn ich mich recht erinnere, waren sie eher erstaunt. In zwei der drei letzten Fälle kamen Meinungsunterschiede zutage, die Leute sagten, sie hätten gar nicht gewußt, daß auch diese Aufgaben zu ihrem Arbeitsbereich gehörten.»

«Das hört sich so an, als könnte für Sie der *Top Ten Planer* hilfreich sein. Es besteht häufig eine Diskrepanz zwischen dem, was die Angestellten für ihre dringlichsten Tagesaufgaben halten, und dem, was der Chef von ihnen erwartet. Deshalb schlage ich vor, daß beide Seiten eine Liste machen und dann die Prioritäten auf beiden Listen vergleichen. Am besten gebe ich Ihnen dazu ein Beispiel.

Freunde von mir haben eine Tankstelle mit einem kleinen Ladengeschäft. Sie ärgerten sich ständig, daß das, was sie für wichtig hielten, nicht erledigt wurde. Sie baten also ihre Angestellte, einmal aufzuschreiben, worin ihrer Meinung nach ihre zehn wichtigsten Aufgaben bestünden. Folgende Liste kam zustande.» Janet reichte Marvin ein Blatt Papier:

1. *Inventarschwund*
2. *Zuviel oder zuwenig Bargeld in der Kasse*
3. *Regale auffüllen*
4. *Saubere Toiletten*
5. *Benzintanks auf Wasser testen*
6. *Jederzeit frischer Kaffee*
7. *Parkplatz sauberhalten*

8. *Hinterzimmer aufräumen*
9. *Waren regelmäßig auswechseln*
10. *Bestellungen aufgeben*

«Und meine Freunde, die Besitzer des Ladens, machten ebenfalls eine Liste mit zehn Punkten, um die sich die Mitarbeiterin vor allen Dingen kümmern sollte. Das war ihre Liste.» Wieder gab Janet Marvin ein Blatt Papier:

1. *Umsatzmenge*
2. *Gewinn*
3. *Eindruck auf den Kunden*
4. *Qualität der Kundenbetreuung*
5. *Umgang mit Bargeld*
6. *Allgemeines Aussehen des Verkaufsraums*
7. *Rechtzeitige Nachbestellungen*
8. *Angestellte anlernen*
9. *Geschäftseinrichtung erhalten (pflegen)*
10. *Ausstellung der Waren*

«Als sie dann die Listen verglichen, wurde es offensichtlich, wo das Problem lag. Sie sagten folgendes zu mir: Die Schuld lag letzten Endes bei uns als den Chefs. Wir vermitteln unseren Leuten zwar, daß wir sie für die Endresultate verantwortlich machen, wie Verkaufszahlen und Kundenbetreuung. Was sie aber täglich von uns hören und deshalb auch behalten, betrifft eher Routineaufgaben. Unsere Botschaften sind nicht eindeutig.

Der *Top Ten Planer* ließ uns erkennen, was wir falsch machten und wie unglücklich unsere Mitarbeiterin deshalb war.

Wir hatten zum Beispiel Sachen gesagt wie:

- Der Schwund ist zu hoch.
- Warum fehlten bei der zweiten Schicht zwölf Dollar in der Kasse?
- Auf den Regalen gibt es Lücken.
- Die Toiletten sehen furchtbar aus.
- Haben Sie die Benzintanks schon auf Wasser hin getestet?
- Es ist kein Kaffee mehr da.
- Wer hat denn da eine Party auf dem Parkplatz gefeiert?
- Es sieht ja so aus, als hätten Sie das Lager mit einer Handgranate aufgeräumt!
- Stellen Sie die neuen Produkte nach hinten.
- Sie haben nicht rechtzeitig bestellt.

Menschen werden nie empowert sein, wenn sie nicht sicher sind, worin eigentlich ihre Aufgaben bestehen. Sollen sie nur alles instand halten, oder kommt es mehr auf das Endergebnis an? In diesem Fall hatten die Vorgesetzten die Schuld daran, daß die Mitarbeiterin die Verbindung zwischen Aufgaben und Zielen nicht sah. Sie hatten ihre täglichen Anweisungen und Bemerkungen falsch formuliert. Besser wäre gewesen:

- Wir wollen gemeinsam überlegen, warum wir weniger verkauft haben.
- Was können wir tun, um den abgesackten Gewinn wieder hochzubringen?
- Was für einen Eindruck macht es wohl auf unsere Kunden, wenn die Toiletten schmutzig sind und sie ihre gewohnte Tasse Kaffee nicht bekommen können?
- Ein ganz wesentlicher Teil unseres Geschäfts beruht auf Spontankäufen der Kunden, die bei uns getankt haben. Wir müssen also ganz sicher sein, daß niemals Wasser mit dem Benzin in ihre Tanks gerät.

- Wenn wir dauernd zuviel oder zuwenig Bargeld in der Kasse haben, dann verlieren wir entweder Geld (weil man uns ausraubt) oder Kunden (weil wir nicht wechseln können).
- Der erste Eindruck ist wichtig. Wie kam Ihnen denn heute morgen der Parkplatz vor?
- Wenn das Lager nicht aufgeräumt ist, dann kann es passieren, daß wir einem Kunden sagen, wir hätten eine bestimmte Ware nicht auf Lager, nur weil wir sie nicht finden können.
- Was haben Sie unseren Angestellten diese Woche Neues beigebracht?
- Auf welche Weise planen Sie, die ausgestellten Waren auszuwechseln, damit der Kunde unterschiedliche Produkte zu Gesicht bekommt?»

«Der Unterschied liegt in dem, was wir mit den Mitarbeitern besprechen und wie wir es tun.» Marvin nickte. «Man sollte sich mehr partnerschaftlich verhalten und dem anderen nicht einfach sagen, was er zu tun hat. Ich glaube, wenn ich diese Mitarbeiterin wäre und man mit mir generell auf diese neue Weise sprechen würde, dann würde ich ein besseres Gefühl für das Geschäft entwickeln, und es wäre mir ein wichtigeres Anliegen, daß es gut läuft, so, als ob es mir mitgehörte.»

«Unsere Firma hat viel aus dieser Geschichte gelernt», sagte Janet. «Wir stellten fest, daß Mitarbeiter nicht besonders gute Leistungen bringen und dazu auch nicht motiviert sind, wenn wir keine klaren Ziele vor Augen haben, die ständig überprüft werden. Gerade besonders talentierte, kreative Menschen verschwenden dann viel Zeit auf weniger wichtige Aktivitäten und glauben dabei noch, daß die Erledigung dieser Aufgaben von ihnen erwartet wird. In unserem Tankstellenbeispiel war es geschehen, daß Kunden auf Bedienung warten mußten, weil die Angestellten gerade den Parkplatz fegten.»

«Ich glaube, ich verstehe allmählich.» Marvin nickte. «Der Zusammenhang von Abgrenzung und Autonomie wird deutlicher. Ich habe versucht, das Ganze für mich sinnvoll zusammenzufassen.» Er reichte Janet sein Notizbüchlein:

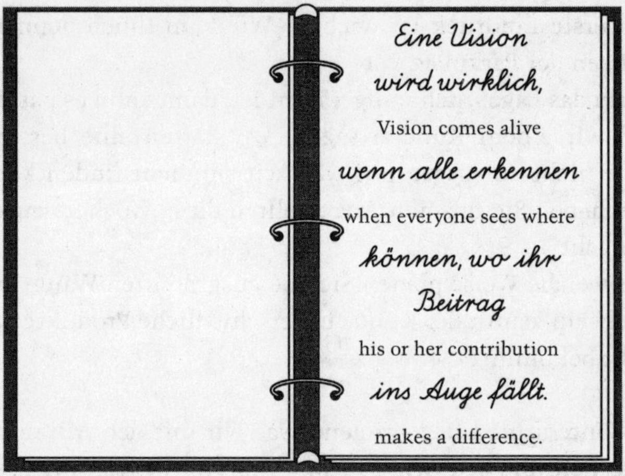

Janet lachte leise. «Robert hat mich schon vor Ihnen gewarnt.»

«Was meinen Sie damit?»

«Er sagte, daß Sie vielleicht anfangs einen gewissen Widerstand zeigen. Wenn Sie aber eine Idee als gut erkannt hätten, dann hätten Sie keine Schwierigkeiten, sie auch weiter auszuführen.»

«Das stimmt wahrscheinlich. Es ist gut zu erfahren, warum Zielsetzung wichtig ist, aber erzählen Sie mir doch etwas mehr über Werte.»

«Werte sind für eine unwiderstehliche Vision sehr wichtig», antwortete Janet. «Als wir die Reise in das Land des Empowerments antraten, fanden wir bald heraus, daß wir uns darüber klarwerden mußten, was wir grundsätzlich für wichtig hielten. Das mußte dann in allgemeingültigen Wertvorstellungen ausgedrückt werden. Der erste Schritt machte die Vision möglich, der zweite war Voraussetzung dafür, daß die Vision verwirklicht wurde. Es ist nämlich so, daß Unternehmen erst dann einen bestimmten Wertekodex besitzen, wenn die Mitarbeiter in der Art und Weise, wie sie ihre Aufgaben erfüllen, zeigen, daß sie die von dem Unternehmen propagierten Werte auch beherzigen. Sandy brachte uns also dazu, gemeinsam einen Prozeß zu beginnen, der das Verwirklichen unserer Wertvorstellungen in unserer Arbeit zum Ziel hatte.»

«Wie brachte sie das fertig?»

«Erst hielt sie uns einen Vortrag über Werte. Jeder hier erinnert sich noch ganz genau daran, als ob es gestern gewesen wäre. Wir nennen es ihre ‹Ich habe einen Traum ...›-Rede.»

«Worüber hat sie da gesprochen?»

«Auch, was sie sagte, war wichtig, aber was uns besonders beeindruckte, war die Art und Weise, *wie* sie es sagte. Das Ganze war eher wie ein Gespräch, so, als ob sie sich mit uns beraten wollte. Bei ihr wird es sehr schnell deutlich, daß sie sich bestimmten Werten verschrieben hat. Sie zögert nicht, darüber zu sprechen, und kann einem diese Werte so nahebringen, daß man von ihrer Wirkung überzeugt ist und ihre Einstellungen zu diesen Werten teilen kann. Sie gab uns wieder das Gefühl, daß wir wichtig sind, genau wie vorher, als sie die privilegierten Informationen mit uns teilte. Nur dieses Mal dachten wir nicht: ‹Ich kann kaum glauben, daß sie uns all diese Informationen anvertraut›, sondern: ‹Ich kann kaum glauben, daß sie wirklich unsere Meinung hören will.›»

Marvin lächelte. «Sie fühlten sich wohl alle in den Prozeß mit einbezogen?»

«Ja. Wenn jemand Ihnen so sehr vertraut, daß er Sie bittet, bei der Klarstellung bestimmter Wertvorstellungen zu helfen, dann kann man sich doch nur sagen: ‹Warum sollte ich überhaupt irgendwo anders arbeiten wollen?› Aber diese Rede – oder besser: dieses Gespräch – war eigentlich nur der Anfang. Während des Prozesses, die Werte bei der Erfüllung unserer Aufgaben zu berücksichtigen, haben wir dann allmählich auch unsere Handlungen nach denselben Werten ausgerichtet.»

«Es gab also eine Methode, wie sich alle auf bestimmte Werte einigen konnten?» fragte Marvin.

«Jeder hielt die Werte, von denen Sandy sprach, für wichtig. Einigen mußte man sich eher über die Regeln, mit denen diese Werte in die Arbeit eingebracht werden konnten. Den einzelnen Arbeitsgruppen wurden bestimmte Direktiven gegeben, wie Gespräche innerhalb der Abteilung sinnvoll zu führen waren. Dabei sollte die Art und Weise, wie bestimmte Wertvorstellungen sich in der Arbeit ausdrücken konnten, diskutiert werden.»

«Wie liefen denn diese Diskussionen ab?»

«Anfangs gab es einige Überraschungen.»

«Zum Beispiel?»

«Wir hatten nicht gewußt, daß wir mit unterschiedlichen Vorstellungen gearbeitet hatten, bis wir uns ernsthaft mit dem Thema beschäftigten. Bei dem Versuch, uns darüber zu einigen, wie wir unsere Aufgaben erfüllen und miteinander umgehen wollten, hatten sich uns immer wieder Hindernisse in den Weg gestellt. Als wir aber jetzt mit Hilfe der Direktiven begannen, über unsere Werte zu sprechen und einander zuzuhören, gingen uns die Augen auf. Und der wichtigste Teil des Prozesses bestand in der Diskussion darüber, was mit bestimmten Wertbegriffen gemeint war und was die für unsere Arbeit bedeuteten.»

Janet sah Marvin lächelnd an und fuhr dann fort: «Immer wieder hörte ich Mitarbeiter sagen: ‹Es wäre mir ja nicht im Traum eingefallen, daß Sie so darüber denken!› Einer meiner Mitarbeiter meinte, er habe den Eindruck, wir seien zu Anfang unserer Diskussionen wie ein Häufchen Eisenspäne gewesen, die wahllos verstreut alle in eine andere Richtung zeigten. Als bestimmte Wertvorstellungen dann aktiv in den Arbeitsprozeß eingebracht wurden, wirkte das wie ein Magnet, nach dem sich alle ausrichteten.»

«Das muß aber doch erheblich Zeit gekostet haben», sagte Marvin.

«Als Manager hatte ich da auch Bedenken», antwortete Janet.

«Meine Kollegen und ich fragten uns immer wieder: ‹Warum geben wir uns mit diesem Zeug ab? Wir sollten Bestellungen aufnehmen und Geld verdienen.› Aber, wissen Sie, letzten Endes haben wir dadurch Zeit gespart. Es war wirklich erstaunlich.»

«Wie meinen Sie das?»

«Seit wir uns ernsthaft mit Werten und ihrer Einbringung in den Arbeitsprozeß beschäftigt haben, lassen sich Entscheidungen sehr viel einfacher und schneller treffen. Wir haben einen gemeinsamen Wertekodex, nach dem wir uns richten können.»

«Mir ist gerade etwas zu meinem eigenen Betrieb eingefallen», sagte Marvin. «Wir haben uns bemüht, unseren Angestellten eines immer wieder nahezubringen: ‹Wenn Sie ein Problem sehen, lösen Sie es.› Jetzt weiß ich erst, warum man sich nur allzu selten nach dieser Anweisung gerichtet hat.»

«So?»

«Wir haben zweierlei falsch gemacht. Erst einmal hatten die Mitarbeiter keinerlei Mitspracherecht beim Aufstellen dieser Regel gehabt, sie war ihnen zudiktiert worden. Und zweitens gab es keinen Mechanismus, der es erlaubte, einander anzuhören und sich dann in der Diskussion einig zu werden, wie Sie es mit Ihrem Prozeß der Wertevalidierung eingerichtet haben. Wahrscheinlich versteht jeder in unserem Unternehmen etwas anderes unter unserer Richtlinie.»

«Wenn man sich über eine Regel nicht geeinigt hat, kann man seine Energie nicht auf seinen Zweck fokussieren. Werte sind eine Antriebskraft, um Zwecke zu erreichen. Alle Bestandteile Ihrer unwiderstehlichen Vision müssen integriert sein», sagte Janet.

«Sagen Sie mir bitte, was für eine Rolle Struktur und Systeme dabei spielen», bat Marvin.

«Ihre Vision sagt Ihnen, was Sie tun sollen, und Struktur und Systeme sowie definierte Rollen und Zielsetzungen gewährleisten, daß alles richtig abläuft. Lassen Sie mich das an einem Beispiel erklären. Wir wollten die Produktionsaktivitäten mit unseren Verkaufsbezirken koordinieren und legten deshalb den Verkaufsteams nahe, die Planungen zu präzisieren. Sie hatten zwar Verständnis dafür, aber brachten es letzten Endes nicht fertig, die notwendigen Veränderungen auf Grund von gründlicher Planung durchzuführen. Wissen Sie, weshalb?»

«Nein.»

«Ihr Leistungsbonus wurde nach einer Formel kalkuliert, die Planungszeiten nicht anrechnete. Je mehr Zeit sie für Planung ansetzten, desto kleiner wurde also ihr Bonus. Als wir die Struktur der Belohnungen abänderten, verschwand das Problem.»

Marvin nickte. «Organisatorische Strukturen und Systeme, die schon bestehen, können also den Empowerment-Prozeß stören, durch den die Menschen ja besser werden sollen?»

«Das stimmt», sagte Janet. «Sie dürfen aber nicht vergessen, daß diese Richtlinien entstanden, um eine auf Kontrolle ausgerichtete Organisation zu unterstützen und nicht eine, der es auf Empowerment ankommt.»

Marvin dachte eine Weile darüber nach und sagte dann: «In meinem Unternehmen gibt es bestimmte Regelungen, die das Empowerment von Mitarbeitern unterbinden. Zum Beispiel braucht man die Unterschrift eines Vorgesetzten, wenn man etwas bestellen möchte, dessen Preis über eine bestimmte Summe hinausgeht. Außerdem muß man ganz formell einen Antrag stellen, wenn man Veränderungen vornehmen will, die mehr als eine Abteilung betreffen. Und das ist längst nicht alles.»

«Glücklicherweise kann man auf jeden einzelnen dieser Punkte eingehen, wenn er auftaucht», sagte Janet beruhigend. «Wir stellten fest, daß unsere Mitarbeiter dadurch, daß wir sie an allen Informationen teilhaben ließen, Mut bekamen, zu äußern, was sich ihrem Empowerment in den Weg stellte.»

«Ja, auch das ist ein guter Grund, die erste Schlüsselbedingung zu verwenden.» Marvin nickte. «Wenn man Informationen mit anderen teilt, entsteht ein Vertrauen, das erst die anderen Schritte möglich macht. Was haben denn Ihre Mitarbeiter gesagt, als sie schließlich den Mut hatten, sich ehrlich zu äußern?»

«Die Frage, die am häufigsten gestellt wurde, war: ‹Warum wird das bei uns so und nicht anders gemacht?› Sandy ermutigte die Belegschaft, möglichst viel in Frage zu stellen. Es dauerte nicht lange, und es schien, als ob jeder jede Regelung und jedes System daraufhin genau betrachtete, ob das auch im Sinne von Empowerment in der Organisation sei. Häufig hatten bestehende Regeln einen empowernden Effekt, aber etliche wurden ganz abgeschafft. Bald hatte man den Eindruck, daß das Unternehmen geschmeidiger arbeitete und windschnittiger wurde. Es gab immer wieder wichtige Fragen: ‹Worin besteht meine neue Rolle?› – ‹Was werde ich entscheiden dürfen?› – ‹Wofür wird man mich zur Verantwortung ziehen?› – ‹Wie sehen die neuen Regeln aus?› – ‹Wie kann ich meine neue Rolle einüben?›»

«Diese vielen Fragen müssen die Belegschaft ja ziemlich verunsichert haben», meinte Marvin.

Janet lächelte. «Es ist eher so, daß Fragen die *Folge* von Ungewißheit sind. Bei Veränderungen gibt es immer Ungewißheit. Wo aber Informationen frei ausgetauscht werden, wo man einander vertraut, da kann man auch mit Ungewißheit fertig werden, indem man kommuniziert, sich einigt und dann handelt. Mit solchen Fragen kann man mehr über die neuen Abgrenzungen erfahren.»

«Ich habe den Eindruck, daß Sie alle hier noch viel vorhaben.»

«Ja.» Janet lächelte wieder. «Es ist ja eine Reise. Wir müssen nicht alles auf einmal tun. Mir ist übrigens aufgefallen, daß Sie sich eifrig Notizen gemacht haben. Darf ich einmal sehen, was Sie aufgeschrieben haben?»

«Natürlich.» Marvin reichte Janet sein kleines Ringbuch:

«Das ist ja wunderbar. Sie haben alles perfekt verstanden.» Janet gab ihm sein Büchlein zurück.

«Aber es fehlt noch etwas», sagte Marvin. «Informationsaustausch, Abgrenzungen festlegen – was gibt es noch?»

«Um etwas über die dritte Schlüsselbedingung zu erfahren, die die Reise in das Land des Empowerments möglich macht, sollten Sie mit Billy Abrams vom Kundendienst sprechen.» Janet gab ihm die Hand und sagte: «Viel Glück auf Ihrer Reise, Marvin. Zum Abschluß möchte ich Ihnen noch etwas mit auf den Weg geben, was Sandy immer gesagt hat: ‹Empowerment ist keine Zauberei. Es handelt sich dabei nur um ein paar einfache Ideen und viel durchdachte Arbeit.›»

Auf seinem Weg zu Billy Abrams ging es Marvin durch den Kopf: ‹Einfache Ideen und viel durchdachte Arbeit. Genau das will ich für meine Firma!›

Die dritte Schlüsselbedingung: Teams statt Hierarchien

Als Marvin die Abteilung Kundendienst betrat, sah er, wie jemand auf ihn zueilte. Das mußte Billy Abrams sein. Marvin hatte sofort den Eindruck einer energiegeladenen Persönlichkeit. Billy war wahrscheinlich wie er selbst ein Mann, dem es weniger um Gerede ging und der mehr Pragmatiker war, wenn es sich um Ideen handelte.

Als Billy ihn durch die Abteilung führte, meinte Marvin: «Ich sehe, Sie sind ein vielbeschäftigter Mann, und ich bin sehr dankbar, daß Sie sich Zeit für mich nehmen. Wie Sie vielleicht schon wissen, bin ich hier, um etwas über die dritte Schlüsselbedingung für Empowerment zu erfahren.»

«Das tue ich gern», sagte Billy, so, als ob er Marvins letzten Satz gar nicht gehört hätte. «Sagen Sie, mußte Ihr Unternehmen kürzlich auch ein Downsizing durchmachen?»

«Ja, leider», antwortete Marvin. «Es ist nicht leicht, derjenige zu sein, der Leute entlassen muß.»

«Da haben Sie recht. Dasselbe ist auch in unserer Firma geschehen.»

«Aber im nachhinein muß man sagen, daß es wirklich notwendig war», sagte Marvin schnell, «wenn wir als Unternehmen überleben und sogar florieren wollten. Um möglichst schnell auf die Wünsche unserer Kunden eingehen zu können, mußten wir die Zahl der Hierarchie-Ebenen möglichst reduzieren.»

Billy und Marvin kamen an Gruppen vorbei, die konzentriert arbeiteten. Zwei Mitarbeiter blickten gemeinsam auf einen Computerbildschirm und sprachen lebhaft miteinander. Sie schauten kurz auf, lächelten begeistert und konzentrierten sich gleich wieder auf ihre Arbeit.

«Ich muß Sie mal etwas fragen», sagte Billy langsam. «Wenn Sie nun Ihren Betrieb dadurch verschlankt haben, daß Sie diverse Positionen eliminiert haben, bestimmte Dienstleistungen außer Haus geben und das mittlere Management drastisch verkleinert haben, wie sieht dann Ihr Unternehmen aus?»

«Also ...» Marvin zögerte, hob dann eine Hand und begann an den Fingern abzuzählen: «Das höhere Management ist näher am täglichen Geschehen dran. Leitende Angestellte haben einen größeren Verantwortungsbereich. Und sie haben unzufriedene Mitarbeiter, die die Entscheidungen derer, die an privilegierten Informationen teilhatten, ausführen müssen, denen sie aber nicht mehr vertrauen.»

«Genau so ist es», sagte Billy. «Sie beschreiben eine geschrumpfte Hierarchie mit weniger Entscheidungsstufen, in der insgesamt aber eine negative Stimmung herrscht. Entscheidungen werden immer noch oben getroffen und nach unten weitergegeben. Bei einem empowerten Unternehmen muß sich all das radikal ändern. Die wichtigste Frage ist also: Wenn das hierarchische System nicht mehr vorhanden ist, wie werden dann Entscheidungen getroffen?»

Marvin überlegte einen Moment. «Es scheint, daß dann jeder einzelne Verantwortung übernehmen muß. Es geht aber nicht, daß in einem Unternehmen die Mitarbeiter autonom und voneinander getrennt vor sich hin arbeiten. Vielleicht sollten sich die Menschen in Teams zusammentun. Auf diese Weise kann jeder mit seinen speziellen Talenten und Fähigkeiten die Aufgaben der Gruppe lösen helfen. Ja, ich glaube, Arbeit in Teams wäre die beste Lösung.»

Billy nickte. Er führte Marvin durch die vielbeschäftigte Abteilung hindurch an einen Tisch und bedeutete ihm, sich auf einen der beiden Stühle zu setzen. Dann reichte er ihm ein Kärtchen, auf dem stand:

Die dritte Schlüsselbedingung:
The third key is to replace the
Hierarchie ersetzen durch selbständig denkende und
hierarchy with self-directed teams.
handelnde Teams.

«‹Ersetzen› ist ein harter Ausdruck», meinte Marvin. «Ich wüßte nicht, wie das gehen soll!»

«Vor der Umstellung auf Empowerment gab es auch bei uns schon partizipierendes Management und Arbeitsteams. Aber an der traditionellen Hierarchie hatte sich dadurch nichts geändert. Die Kommunikation geschah nach wie vor nur in eine Richtung, die Beschlüsse gingen immer noch von oben nach unten. Die Teams konnten zwar manchmal bestimmte Vorschläge machen, aber die Entscheidungen fällten immer die Manager.

Wir stellten fest, daß die Konkurrenz zugenommen hatte. In unserem verschlankten Unternehmen mußten wir engen Kontakt mit den Kunden halten und dennoch interne Kontrollen aufrechterhalten, die unsere finanziellen Interessen im Auge behielten. In dem alten hierarchischen System dauerte das alles viel zu lange. Und es ist so, wie Sie gesagt haben: Ein Team motivierter Menschen kann viel mehr erreichen als eine Reihe von einzelnen Individuen. Es kam also darauf an, Teams zu bilden, die die Aufgaben der Managementhierarchie aus der Vergangenheit übernehmen konnten. Unsere Mitarbeiter mußten lernen, in selbständigen Teams zusammenzuarbeiten, die Entscheidungen trafen und auch ausführten. Selbst auf der untersten Ebene des Unternehmens hatten Mitarbeiter jetzt mit Verantwortungen zu tun, die bisher Sache der Manager gewesen waren.»

«Was bedeutet selbständiges Team in diesem Zusammenhang?»

«Es handelt sich dabei um eine Gruppe von Mitarbeitern, die gemeinsam die Verantwortung für einen ganzen Arbeitsprozeß oder für die Herstellung eines Produktes übernommen haben. Als Team planen sie die Aufgabe und führen sie aus, selbständig von Anfang bis Ende.»

«Hat ein solches Team einen Teamleiter?»

«Unter Umständen schon», meinte Billy. «In einem wirklich guten Team wird man aber kaum erkennen können, wer der Leiter ist. Verantwortungen werden gemeinsam getragen. Manchmal wechseln sich die Mitarbeiter eines Teams als Teamleiter ab, aber darüber muß die Gruppe selbst entscheiden.»

«Das muß ja eine enorme Umstellung gewesen sein», rief Marvin aus.

«Ja, und hier bei uns ist es geschehen.» Billy blickte sich in dem großen Raum um. «Alle Mitarbeiter dieser Abteilung gehören sehr leistungsfähigen, selbständigen Teams an.»

«Sie sind wohl sehr stolz darauf?»

Billy lächelte. «Unsere Abteilung hat eine sehr wichtige Aufgabe innerhalb des Unternehmens. Wir sind wirklich die Antenne des Unternehmens und die Abteilung, an die sich der Kunde wendet, wenn er Probleme hat. Wir kümmern uns um alles, was Probleme zwischen dem Unternehmen und seinen Kunden schafft. Wenn ein Fehler aufgetreten ist, sammeln wir sofort sämtliche Informationen darüber. Diese Informationen gehen dann an die Produktions- und auch die Rechnungsabteilung, so daß sie sehen, was falsch gelaufen ist, und es in Zukunft korrigieren können.»

«Das klingt, als ob Sie eine große Verantwortung innerhalb der Firma haben.»

«Ja.» Billy nickte. «Auf der anderen Seite ist es auch nicht so schlimm, da es sich ja um Teamarbeit handelt. Keiner muß es allein bewerkstelligen. Ja, selbst die Teams des Kundendienstes können es nicht allein schaffen. Das ganze Unternehmen trägt die Verantwortung für den guten Dienst am Kunden. Unsere Teams sind da nur führend. Sie müssen verstehen, daß wir heute als Team so funktionieren wie früher der einzelne Manager: Wir tragen Informationen von überallher zusammen, analysieren sie, entscheiden, was geschehen soll, und geben unsere Entscheidungen an andere weiter.»

«Hmm», sagte Marvin nachdenklich. «Ich habe Ihre Leute beobachtet, und es ist offensichtlich, daß hier niemand rumsitzt und darauf wartet, daß man ihm sagt, was zu tun ist. Jeder scheint sich auf den anderen zu verlassen, aber jeder benimmt sich auch wie ein selbstverantwortlicher Manager. In einem hierarchischen System tut jeder nur, was ihm aufgetragen ist, und hat wenig Interesse daran, anderen zu helfen. Aber hier herrscht eine ganz andere Atmosphäre. Jeder, der an uns vorbeigeht, sieht mich an und lächelt. Alle wirken energiegeladen und enthusiastisch. Sie scheinen das, was sie tun, für wichtig zu halten, beinahe so, als arbeiteten sie für ihre eigene Firma.»

«Das stimmt, aber Sie müssen wissen, daß das auch bei uns nicht immer so war. Anfangs waren meine Kollegen und ich von dieser ganzen Team-Idee nicht gerade begeistert. Theoretisch klang das alles zwar gut, aber wir hatten keine Erfahrung, wie das Ganze in selbständigen Teams praktisch ablaufen könnte.»

«Das wird das Problem in meiner Firma sein», meinte Marvin. «Da komme ich zurück mit all den wunderbaren neuen Ideen aus den letzten zwei Tagen über Empowerment und selbständige Teams, und meine Leute haben keinen Schimmer, wie sie diese Ideen verwirklichen können.» Er überlegte kurz und fuhr dann fort: «Es ist, als solle etwas von sich aus funktionieren. Aber damit es das tut, muß man es anschieben.»

«Ja, damit haben Sie die Paradoxie gut ausgedrückt, mit der jeder zu Beginn konfrontiert wird, wenn die Leute noch nicht empowert sind. Sie können sich nicht hinstellen und abwarten, daß die anderen den Ball aufgreifen. Sie müssen den Mitarbeitern das geben, was sie in ihrer Situation vor Ort brauchen. In unserem Fall mußten die Manager anfangs ziemlich genaue Direktiven geben.»

«Ja, das habe ich schon verstanden», sagte Marvin. «Autonomie beginnt mit dem Bedürfnis nach Abgrenzungen und Richtungsvorgabe.»

«Das stimmt», sagte Billy. «Richtlinien und Strukturierung sind am Anfang der Empowerment-Reise unbedingt notwendig. Im allgemeinen glaubt man, Direktiven geben bedeute, den Leuten sagen, *wie* sie ihre Arbeit erledigen sollen, unsere Manager dagegen legen am meisten Wert darauf, uns zu sagen, wie wir unsere Arbeit selber *managen* können.

Es war spannend, plötzlich die gesamte Berufserfahrung der einzelnen Mitglieder nun geballt als Teamwissen zur Verfügung zu haben. Beinahe jeder hatte Ideen, wie wir unseren Dienst am Kunden verbessern und mehr Verständnis für seine Probleme aufbringen könnten. Aber wir wußten nicht, wie man als Team Entscheidungen trifft. Uns fehlte es an Teamfähigkeiten, wir wußten nicht, wie wir gemeinsam Probleme meistern, Versammlungen organisieren, uns als Teammitglieder verhalten und Konflikte innerhalb des Teams lösen konnten.»

«Die Leitungsfunktion Ihrer Manager bestand also nicht darin, Ihnen zu sagen, was zu tun sei, sondern Ihnen dabei zu helfen, Fähigkeiten zu entwickeln, die Sie brauchten, um als Mitglied eines selbständigen Teams zu funktionieren.»

«Genau.» Billy nickte.

Marvin hatte wieder etwas notiert und reichte Billy sein Büchlein:

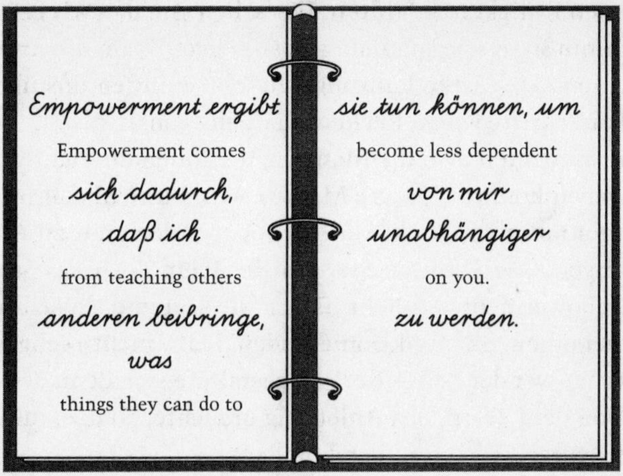

«Das faßt wunderbar zusammen, was am Anfang für das Antrainieren von Teams notwendig ist», sagte Billy. «Mit dieser Lektion hatten viele unserer Manager die größten Schwierigkeiten. Anfangs glaubten sie, daß sie die neu entstandenen Teams sich selbst überlassen sollten. Sie hielten sich also mit Ratschlägen und Anweisungen zurück und wunderten sich dann, daß die Teams Probleme hatten. Zum Beispiel war jeder in unserem Team anfangs ausgesprochen euphorisch. Aber das dauerte nur eine Woche. Dann wollte keiner zugeben, daß er keine Ahnung hatte, was zu tun war. Wir wollten einfach nicht wahrhaben, wie unzufrieden beinahe jeder mit der Situation war.»

«Was geschah dann?» fragte Marvin. «Offensichtlich ist jetzt alles in Ordnung.»

«Ja, Sandy sah unsere Schwierigkeiten. Sie rief uns also alle zusammen, um uns bei der Diagnose zu helfen, wo die Probleme lagen. Sie nahm die ganze Schuld an dem Durcheinander auf sich und machte niemanden sonst verantwortlich. Das zeigte uns, daß das Management auf unserer Seite war.

Bei unserem gemeinsamen Gespräch wurde uns klar, daß wir zwar empowert sein wollten, daß uns aber viele der dazu notwendigen Fähigkeiten fehlten. Wir sahen ein, daß wir erst noch lernen mußten, wie man als selbständiges Team arbeitet. Wir brauchten eine starke Führung. Und wir mußten uns über unsere Fortschritte genau Rechenschaft ablegen.»

«Sie brauchten also die Manager, die Ihnen die richtige Führung geben konnten», sagte Marvin. «Und Ihre Manager legten los mit strammen Direktiven. Sicher aber doch nur zu Anfang, denn irgendwann sollten Sie und Ihr Team doch das Stadium des Empowerments erreicht haben. Sie sagten doch selbst, daß man bei einem gut funktionierenden Team nicht mehr erkennen kann, wer der Leiter ist. Wie gestaltete sich denn der Übergang von dem Team, das Anleitung brauchte, zu dem, das selbständig entscheiden und handeln kann?»

«Es ist ein allmählicher Übergang. Stufenweise. Zu Anfang fanden die Veränderungen beinahe unmerklich statt. Dann beschleunigte sich die Entwicklung. Wir hörten immer häufiger von einzelnen Mitarbeitern und ganzen Teams, die zunehmend empowert selbständig Entscheidungen trafen und handelten, oftmals in Situationen, bei denen früher nur Manager das Sagen gehabt hatten. Und sie waren nicht selten erfolgreicher. Unsere Manager verhielten sich immer häufiger wie eine Eingreifreserve oder ein Coach. Einige von ihnen wurden geradezu Meister darin, zum richtigen Zeitpunkt das zu tun, was wir ‹dabeistehen› nennen.»

«Was ist denn damit gemeint?»

«Es ist etwas, was ein guter Manager unbedingt beherrschen sollte, um seine Mitarbeiter zu empowern. Er muß wissen, wann er sich an die Regel halten soll:

Tu nicht irgendwas –
steh nur einfach dabei!

«Meinen Sie, er muß wissen, wann er *nicht* eingreifen sollte, damit jemand anders die Initiative ergreifen kann?»

«Ja. Manager lernten es immer besser, mehr und mehr Verantwortung an das Team abzugeben. Ihre anfänglichen Befürchtungen, dann nicht mehr gebraucht zu werden, stellten sich als unbegründet heraus. Es gab noch genug für sie zu tun, zum Beispiel sich mehr mit neuen Strategien zu beschäftigen, mehr Zeit den Kunden zu widmen, neue Geräte und Arbeitsprozesse zu überprüfen und sich mit Trainingsprogrammen zu befassen. Außerdem gab es immer wieder Projekte, die bisher aus Zeitmangel verschoben worden waren.»

«Diese Machtübertragung muß aber sehr vorsichtig angegangen werden», meinte Marvin jetzt.

«Ja, es ist wie ein Tanz», sagte Billy. «Aber wie beim Tanzen beginnt man auch hier, seiner Intuition zu vertrauen, wenn man es erst einmal gelernt hat. Wenn man Menschen und Teams empowert, lernt man auch immer besser, Menschen einzuschätzen. Es ist sehr befriedigend, zu beobachten, wie sich einer vom Befehlsausführer zum verantwortlichen Mitarbeiter entwikkelt. Es macht Spaß, ihnen manchmal mehr Verantwortung zu übertragen, als sie sich selbst zugemutet hätten. Und wenn sich dann herausstellt, daß sie alles sehr gut geschafft haben, dann ist es eine Freude, zu sehen, wie stolz sie sind.»

Marvin schwieg nachdenklich und sagte dann: «Wissen Sie, diese Teamsache – Pardon: diese Sache mit dem empowerten Team – kann wirklich viel bewirken. Es ist wie ein Basketball- oder Volleyballteam, das aufeinander eingespielt ist. Die Fähigkeiten der einzelnen Mitglieder sind übertragbar, gleichzeitig aber einzigartig. Die Mitglieder können ihre Talente einsetzen, sich gleichzeitig weiterentwickeln und dazulernen. Jeder einzelne kann sich voll entfalten und gleichzeitig dem Unternehmen zu voller Blüte verhelfen.»

«Klingt, als hätten Sie alles verstanden», sagte Billy.

«Vielleicht schon», meinte Marvin. «Es wäre mir aber lieber, wenn Sie sich zur Sicherheit meine Notizen noch einmal ansähen.» Er reichte Billy sein Büchlein:

«Goldrichtig!» Billy lächelte zufrieden.

«Sie sind aber auch ein guter Lehrer.» Marvin bedankte sich bei Billy und machte sich auf den Heimweg. Im Auto mußte er wieder an das denken, was er heute gelernt hatte. Immer wieder stolperte er aber über eine Frage, die er noch nicht beantworten konnte. Schließlich griff er nach seinem Autotelefon und wählte die Nummer von Sandy Fitzwilliam.

«Ich habe schon auf Ihren Anruf gewartet», sagte Sandy.

«Kann ich wohl jetzt gleich bei Ihnen vorbeikommen und mit Ihnen sprechen?» fragte Marvin.

«Natürlich. Kommen Sie nur.»

Die drei Schlüssel in dynamischer Interaktion

Als Marvin in Sandys Büro trat, stand sie wieder am Fenster und sah hinaus. Sie wandte sich lächelnd um und streckte ihm die Hand entgegen.

«Ich muß Sie unbedingt etwas fragen», platzte Marvin heraus. «Bisher habe ich etwas über die drei Schlüssel zum Empowerment erfahren. Das klingt ja alles ganz schön und gut, aber funktioniert es wirklich? Ich meine, macht es einen Unterschied in bezug auf die Gesamtleistung und die Ergebnisse?»

Sandy zeigte auf einen Sessel und setzte sich selbst in einen zweiten. «Nun mal langsam. Erzählen Sie mir erst einmal, was Sie bisher gelernt haben.»

«Also, ich habe gelernt, daß es drei Schlüsselbedingungen gibt, die zum Empowerment führen, daß es sich um einen dreiteiligen Prozeß handelt, wenn man das Potential, das in den Menschen steckt, zur Entfaltung bringen möchte.» Marvin reichte Sandy sein kleines Buch (siehe nächste Seite).

Sandy las das und reichte Marvin dann sein Notizbuch zurück. Marvin erzählte ihr nun begeistert, was er alles gelernt hatte, wobei er immer wieder in seine Notizen sah und die kleinen Kärtchen zu Rate zog. Zwanzig Minuten lang hörte Sandy aufmerksam zu, ohne ein Wort zu sagen.

Als Marvin fertig war, sah er Sandy fragend an. Schließlich sagte sie: «Sie haben ganz offensichtlich die Schritte verstanden, mit denen man ein Unternehmen auf Empowerment umstellt. Sie bekommen eine Eins dafür, daß Sie die Hauptkonzepte so gut begriffen haben.»

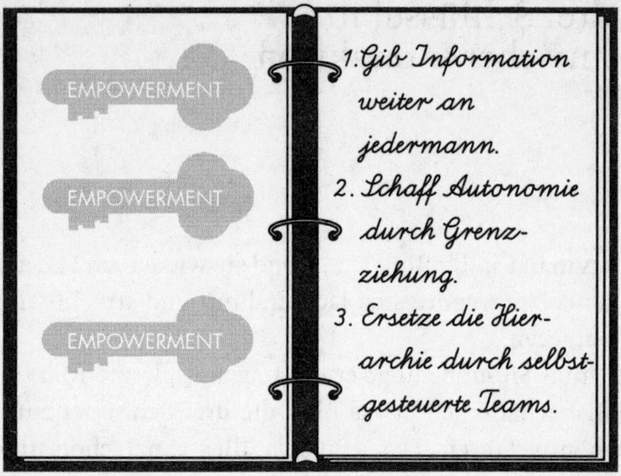

«Aber können diese drei Schritte wirklich Empowerment herbeiführen?» Marvin sah sie zweifelnd an. Er war immer ein Bottom-line-Manager gewesen. «Gehört dazu nicht noch mehr? Wird dadurch wirklich die Leistung verbessert, und sind die Mitarbeiter wirklich zufriedener?»

«Ja, ja und noch mal ja», sagte Sandy lächelnd. «Ich möchte Ihnen etwas sagen. Dieses Werk hat von der Bilanz her selbst meine Erwartungen übertroffen. Und Sie müssen verstehen, wir waren schon vor unserem Versuch mit Empowerment der produktivste Betrieb des gesamten Unternehmens. Aber wir hatten immer den Eindruck, daß wir noch besser werden können. Und wir hatten recht damit.

Seit wir mit dem Empowerment-Prozeß begannen, hat sich unsere Produktionsqualität auf über 99,99 Prozent erhöht, während gleichzeitig unsere Kosten jedes Jahr um 10 bis 15 Prozent gesenkt werden konnten.

Und unsere Mitarbeiter gehen jeden Tag gern zur Arbeit; sie genießen die zusätzliche Verantwortung, die man ihnen übertragen hat. Und sie kommen immer wieder mit neuen Vorschlägen, wie man etwas schneller, besser und billiger machen kann. Unser Geschäft blüht, und unsere Kunden schätzen uns sehr.»

«Imponiert mir», sagte Marvin. «Ich würde gern mehr darüber erfahren, wie die drei Schlüsselbedingungen für Empowerment zu besseren Leistungen und zu mehr Zufriedenheit führen.»

«Ich glaube, auch dieses Mal sollten Sie lieber mit einer meiner Kolleginnen sprechen.» Sandy stand auf und wählte eine Nummer. Es wurde vereinbart, daß Marvin sich am nächsten Morgen mit Elizabeth Meadows von der Versandabteilung treffen sollte.

«Elizabeth hat wirklich gute Ideen», sagte Sandy. «Sie verhandelt direkt mit den Kunden, und ich glaube, Sie werden feststellen, daß es ihr sehr auf Ergebnisse ankommt. Sie kann Ihnen besser erklären, auf welche Weise sich Informationsaustausch und Grenzziehung bezahlt machen.»

«Das wäre wunderbar», sagte Marvin. «Können Sie mir noch etwas mit auf den Weg geben, bevor ich mich verabschiede?»

«Ja, zweierlei», antwortete Sandy. «Einmal haben Sie wahrscheinlich schon festgestellt, daß die drei Schlüsselbedingungen für das Empowerment zwar einfach zu verstehen sind, daß es aber nicht leicht ist, sie in das tägliche Arbeitsleben einzubringen. Und dann muß man wissen, daß sie in dynamischer Interaktion miteinander operieren. Der erste wichtige Schritt ist ganz sicher der Informationsaustausch, aber zum Empowern von Menschen braucht es alle drei Schlüssel, die man je nach Situation mit unterschiedlichem Gewicht einsetzen muß.»

Marvin nickte. Er dachte: *«Alle drei in dynamischer Interaktion.»* Laut sagte er: «Danke, das hilft mir weiter. Ich freue mich darauf, Elizabeth Meadows kennenzulernen.»

Gib jedem die Informationen, die er zum Handeln braucht

Marvin war am nächsten Morgen schon früh zur Stelle. Er hoffte sehr, Elizabeth würde ihm zeigen, daß Empowerment funktionierte.

Als er die Versandabteilung betrat, kam ihm eine hochgewachsene Frau mittleren Alters entgegen und streckte ihm die Hand hin. «Guten Morgen, ich bin Elizabeth Meadows, und dieses ist der Bereich, der mir und meinen Mitarbeitern gehört.»

«Was meinen Sie damit, er gehört Ihnen?» fragte Marvin erstaunt.

Elizabeth lächelte. «Das bedeutet, wir haben alle notwendigen Informationen, um wichtige Entscheidungen zu treffen, die nötig sind, um unsere Kunden zufriedenzustellen, Qualität zu gewährleisten und für unseren Betrieb einen Gewinn zu erwirtschaften.»

«Das erklärt vielleicht, was ich auf dem Weg hierher zufällig hörte», sagte Marvin. «Jemand hier im Versand sagte am Telefon, daß die fehlenden Posten natürlich kostenlos und über Nacht geschickt würden; am nächsten Morgen seien sie da. Ich war, ehrlich gesagt, überrascht. Angestellte der Versandabteilung haben im allgemeinen nicht die Kompetenz, so etwas zu entscheiden.»

Elizabeth hatte ihn über die halben Gläser ihrer Lesebrille hinweg freundlich angesehen. «Ja, das stimmt. Aber die Mitarbeiter der Versandabteilung, die gut informiert sind, können eine solche Entscheidung treffen und wissen, daß es dem Betrieb nicht schaden wird. Im Gegenteil, sie wissen, daß ein guter Kundendienst sich letzten Endes auszahlt. Sie können also die Kosten, die durch die kostenlose Ersatzlieferung entstehen, gegen die Vorteile für die Firma abwägen.»

«Wie können sie aber wissen, daß das der Firma nicht letzten Endes schadet?»

Elizabeth wies mit einer ausladenden Geste auf die ganze Abteilung und lächelte. «Information!»

Zum erstenmal fielen Marvin die Zeichnungen und Tabellen auf, die überall an den Wänden hingen. Auf den vielen Computerbildschirmen waren lange Zahlenreihen zu sehen, und die Mitarbeiter der Abteilung arbeiteten schnell und zum größten Teil ohne Aufsicht.

«Das ist ja wirklich beeindruckend», sagte Marvin zögernd. «Aber ich habe immer noch meine Zweifel, ob dieser totale Informationsaustausch wirklich von Vorteil ist. Das war auch der Grund gewesen, warum ich noch einmal mit Sandy Fitzwilliam sprechen wollte. Ich möchte wissen, ob die drei Schlüsselbedingungen für das Empowerment wirklich zu den gewünschten Ergebnissen führen. Ich möchte Resultate sehen.»

Elizabeth sah ihn aufmerksam an. «Zahlen Sie Ihre Lebensmittelrechnung beim Supermarkt manchmal mit Scheck? Die Frau an der Kasse nimmt Ihren Scheck entgegen, läßt sich Ihren Ausweis zeigen, schreibt die Nummer des Ausweises auf den Scheck. Und was geschieht dann?»

«Normalerweise muß ich warten, bis einer der Manager sein O.K. gegeben hat», antwortete Marvin. «Und während der Manager den Scheck unterschreibt, unterhält er sich vielleicht gerade mit der Kassiererin zwei Kassen weiter. Nach allem, was ich inzwischen gelernt habe, kommt mir das nicht richtig vor.»

«Warum denn nicht?» fragte Elizabeth.

«Man kann daraus eigentlich nur schließen, daß das Geschäft seinen Kassierern nicht vertraut und daß nur die Manager überhaupt ein Hirn im Kopf haben. Alle anderen Angestellten können ihr Denken genausogut abschalten, wenn sie ihren Arbeitsplatz betreten.»

«Ja, so kommt es einem vor. Wie fühlen sich Ihrer Meinung nach wohl die Angestellten dabei?»

«Ganz schlecht. Null Selbstvertrauen.»

«Das glaube ich auch. Was würde wohl geschehen, wenn man alle Kassierer ausführlich darüber informierte, was ungedeckte Schecks für das Geschäft bedeuten, und ihnen dann die Vollmacht erteilte, selbständig Schecks zu akzeptieren?»

«Wahrscheinlich würden weniger ungedeckte Schecks akzeptiert.»

«Ja, das hat sich immer wieder herausgestellt, als man Fälle untersuchte, wo es so gehandhabt worden war. Außerdem war das Selbstvertrauen der Angestellten gewachsen, und sie gingen aufmerksamer auf die Wünsche der Kunden ein. Wenn man seinen Mitarbeitern die nötige Information zur Verfügung stellt und Verantwortung überträgt, die normalerweise nur Mitinhaber besitzen, dann werden sie sich meistens auch so verhalten, wie es für das Geschäft am besten ist.»

«Können Sie mir noch ein anderes Beispiel nennen?» fragte Marvin.

«Aber gern. Eine Freundin von mir besitzt ein Restaurant. Ich hatte ihr viel davon erzählt, wie es sich für ihre spezifische Situation auszahlen könnte, wenn sie ihre Angestellten besser informieren würde. Aber sie war skeptisch und vertrat weiterhin die Ansicht, daß es Dinge gab, die ihre Angestellten einfach nichts angingen. Um sie überzeugen zu können, überredete ich sie, eines Abends nach Geschäftsschluß ihre Angestellten zusammenzurufen. Jeder kam, vom Tellerwäscher bis zum Chefkoch, und alle mußten sich in kleinen Gruppen zusammensetzen und die folgende Frage beantworten: ‹Wieviel Profit macht das Restaurant Ihrer Meinung nach bei jedem Dollar, den die Kunden hier ausgeben, Profit, den ich als Besitzerin entweder in die Tasche stecke oder wieder in das Restaurant investiere?›»

«Was war die Antwort?» fragte Marvin gespannt.

«Als Mindestprofit wurden 45 Cent genannt, manche Angestellten meinten sogar, sie würde 75 Cent von jedem Dollar mit nach Haus nehmen. Als ihre Chefin ihnen dann mitteilte, daß von jedem Dollar Umsatz ganze 8 Cent Gewinn übrigblieben, waren alle schockiert. Sie hatten geglaubt, daß das Restaurant nur so im Geld schwimme. Sie können sich vorstellen, daß die Angestellten bei einer solchen Einstellung nicht gerade sehr sorgfältig mit dem Inventar und oft allzu verschwenderisch mit den Lebensmitteln umgingen.»

«Ja, das war ihnen wohl ziemlich gleichgültig.» Marvin nickte.

«Das kann man wohl sagen. Aber es war eine bestimmte Bemerkung des Chefkochs, die meine Freundin schließlich davon überzeugte, daß ich mit meiner Forderung nach mehr Information recht hatte. Er sagte nämlich: ‹Sie meinen, wir müssen mindestens fünf Steaks à 15 Dollar verkaufen, bis wir die sechs Dollar, die ein verbranntes Steak kostet, das nicht serviert werden kann, wieder eingenommen haben?› Er hatte begriffen, worum es ging, und mit ihm jeder andere auch.»

«Das ist wirklich interessant», meinte Marvin. «Die Mitarbeiter begannen also, kaufmännisch zu denken. Machte das denn einen Unterschied?»

«Letztes Jahr verkündete meine Freundin: ‹Nur derjenige bekommt eine Lohnerhöhung, der auch unsere Bilanz lesen kann.› Zum erstenmal machte das Restaurant daraufhin über 10 Prozent Gewinn. Als meine Freundin 25 Prozent der Gewinnsteigerung an ihre Mitarbeiter verteilte, waren die davon so begeistert, daß sie überlegten, wie man das Restaurant noch rentabler machen könnte.»

«Man sollte also den Mitarbeitern *zeigen*, daß man ihnen vertraut, indem man sie an Informationen teilhaben läßt.»

Elizabeth nickte und machte wieder eine ausholende Geste, die den ganzen Raum umfaßte. «Ja, wie ich schon vorher gesagt habe, unsere Abteilung gehört *uns*. Jetzt können Sie vielleicht auch verstehen, was auf dem Poster dort steht.» Sie zeigte auf ein Plakat an der Wand:

Gib den Menschen die Information,
Give people the information to act;
die sie zum Handeln brauchen;
then look for magic to happen!
dann wart's ab, bis der Zauber wirkt!

«Das ist wirklich faszinierend», sagte Marvin. «Was hatte das denn hier für Auswirkungen?»

«Ich habe gelernt, daß man höhere Anforderungen stellen kann, wenn man seine Mitarbeiter umfassend informiert und sich daraufhin ein ganz anderes Vertrauen entwickelt. Man kann gemeinsam darüber sprechen, was heute in bezug auf Kosten, Profit und so weiter abläuft und was in Zukunft möglich sein könnte, und jeder versteht, was Sie meinen.»

«Das klingt nach Total Quality Management der ständigen Leistungsverbesserung», warf Marvin ein.

«Ja», antwortete Elizabeth. «Ständige Verbesserung ist nur möglich, wenn Menschen informiert sind und wenn man ihnen zutraut, ihre eigenen Talente und Fähigkeiten einzusetzen. Das bringt mich zu einer zweiten Lernerfahrung. Haben Sie das schon gesehen?» Elizabeth zeigte auf ein gerahmtes Schild:

Jeder «Feler» ist
Every «misteak» is an
eine Gelegenheit
opportunity to increase
zur Steigerung von
competence.
Kompetenz.

«Sandy ließ diese Schilder überall in unserem Betrieb aufhängen, als wir mit unserer Reise begannen. Wieder dachte jeder, die hat sie wohl nicht alle. Und so, wie Sie mich ansehen, halten Sie mich sicher auch für nicht ganz zurechnungsfähig.»

Marvin lachte. «Nein, ganz so schlimm ist es nicht. Aber der Orthographiefehler auf dem Schild stört mich. Mir wäre es nicht recht, wenn solche Fehler in meinem Unternehmen gemacht würden. Was hat Fehlermachen mit Leistungssteigerung zu tun?»

«Ich habe eine Frage an Sie.» Elizabeth sah ihn aufmerksam an. «Wenn jemand in Ihrem Unternehmen einen Fehler macht, welche Frage wird dann als erste gestellt: ‹Was können wir daraus lernen?› Oder: ‹Wer ist für den Fehler verantwortlich?›»

«Meistens: ‹Wer hat daran schuld?›»

«Das habe ich mir gedacht. Aber was ist eine ständige Leistungssteigerung anderes als Innovation? Und nichts vergiftet eine innovative Atmosphäre mehr als Schuldzuweisungen. Niemand kann sich neuen Ideen öffnen, wenn er das Gefühl hat, er muß als erstes darauf achten, seine eigene Haut zu retten. Wenn man dagegen Risiken eingehen, Fehler machen und eine traditionelle Verfahrensweise in Frage stellen darf, dann hat man auch keine Angst, sich Neuem zu öffnen und die eigenen Talente einzusetzen. Darum wollte Sandy, daß ihre Mitarbeiter Fehlern Verständnis entgegenbringen, sie nicht zu ernst nehmen, ja, sie sogar feiern.»

«Das ist wirklich interessant», meinte Marvin. «Es erinnert mich an einen Artikel über die Ermutigung zur Innovation. Darin war davon die Rede, daß eine Firma immer eine Feuerwerksrakete zündet, wenn ein Fehler passiert ist. Jetzt verstehe ich erst, was damit gemeint ist.»

Elizabeth lächelte. «Übrigens, wenn Sie hingehen und den Fehler auf unserem Schild verbessern wollten, würden Sie damit bei einigen unserer Leute hier anecken. Da jeder verstanden hat, worum es geht, ist Feler hier im Hause zur amtlichen Schreibweise geworden.»

«Sie meinen, daß Ihre Mitarbeiter sich das Recht auf Irrtum vorbehalten?»

«Wahrscheinlich schon. Was geschieht nach Ihrer Meinung, wenn man Menschen Fehler machen läßt? Handeln solche Menschen verantwortungsbewußter oder verantwortungsloser?»

Marvin dachte eine Weile darüber nach. Ihm war klar, daß es hier um sein grundsätzliches Menschenbild ging. «Ich war immer der Meinung, daß sie weniger Verantwortung zeigen. Jetzt würde ich gern glauben, daß sie verantwortungsbewußter handeln. Was haben Sie denn herausgefunden?»

«Sie zeigen *mehr* Verantwortung. Das ist eine ganz wichtige Folge von Empowerment. Wenn man einen Fehler nicht mehr als etwas Schlimmes oder Falsches definiert, sondern ihn als Möglichkeit zur positiven Veränderung betrachtet, dann werden Menschen zum Denken veranlaßt, und sie achten kritischer auf ihre eigene Leistung. Mit anderen Worten, sie werden dadurch zum selbständigen Denken und Handeln motiviert. Und wir haben immer wieder erlebt, daß solche Menschen dann auch auf einem höheren Niveau mehr leisten. Es kommt darauf an, daß man ihnen sehr viel zutraut, gleichzeitig aber weiß, daß Fehler ein Bestandteil des Prozesses der Leistungssteigerung sind.»

«Mir ist gerade etwas aufgegangen», sagte Marvin eifrig. «Wenn man zu sehr betont, wer schuld an einem Fehler hat, dann versucht jeder, seine Fehler zu vertuschen. Auf diese Weise kann aus dem Fehler nichts gelernt werden, Information geht sozusagen verloren.»

«Daran wird wieder deutlich, wie wichtig Information für die Entwicklung von Vertrauen ist. Aber diese Strategie findet auch noch eine weitaus praktischere Anwendung. Soll ich Ihnen noch ein Beispiel erzählen?»

Marvin nickte, und Elizabeth zeigte auf eine Wandtafel, auf der in großen Buchstaben «VIER STUNDEN» geschrieben stand. «Vor etwa einem Jahr analysierten wir einmal den Ablauf der Arbeit. Wir stellten fest, daß die Ware etwa drei bis fünf Tage, nachdem die Bestellung eingegangen war, das Lager verließ. Wir hatten vorher nie viel darüber nachgedacht. Aber jetzt, da die Information schwarz auf weiß vor uns lag, fragten wir uns: ‹Warum dauert es so lange?› Und als wir uns bei Konkurrenzfirmen umhörten, fanden wir heraus, daß woanders zwischen Bestelleingang und Warenausgang im Durchschnitt zwei Tage lagen. Wir überlegten also, wie wir unsere Bestellungen schneller ausliefern könnten.

Vergessen Sie nicht, wir wären gar nicht auf die Idee gekommen, die Zeit zu verkürzen, wenn uns nicht die Information zur Verfügung gestanden hätte. Und wenn uns irgendein Chef gesagt hätte, wir sollten schneller ausliefern, hätten wir nicht die gleiche Veranlassung dazu gesehen.»

«Ich kann sehen, wie das funktioniert», sagte Marvin. «Sie waren viel mehr motiviert, weil Sie es selbst herausgefunden hatten. Und Sie wollten nicht nur besser werden, sondern Sie wußten auch, um wieviel Sie besser werden wollten.»

«Ja. Sobald wir die Information hatten, besonders, wie wir im Vergleich mit der Konkurrenz abschnitten, wußten wir, daß etwas geschehen mußte. Und wir beschlossen, gleich hier in unserer Abteilung damit anzufangen.»

Marvin bemerkte, mit welchem Stolz Elizabeth ihm diese Geschichte erzählte. Es war, als ob er mit der Besitzerin des Werkes sprach.

«Schon innerhalb eines Monats hatten wir die Bearbeitungszeit der Bestellungen auf zwei Tage verkürzt», sagte Elizabeth lebhaft. «Aber damit nicht genug. Wir wußten, daß wir noch besser werden konnten, und wollten sehen, wie sehr sich die Zeit verkürzen ließ. Wir holten weiterhin Informationen über unsere Leistungen ein und begannen, eine andere Einstellung zu den Bestellungen zu entwickeln. Ab jetzt war jede Bestellung eine Gelegenheit, dem Kunden gefällig zu sein. Alle arbeiteten als Team zusammen. Am Ende des zweiten Monats konnten wir schon nach weniger als einem Tag ausliefern. Und heute, ein Jahr danach, liefern wir unsere Ware im allgemeinen vier Stunden nach Bestelleingang aus.»

«Vier Stunden, und früher waren es drei bis fünf Tage!! Das ist ja unglaublich.»

«Ja, erstaunliche Ergebnisse sind oft einfach die Folge von unbegrenzter Information und der Freiheit, diese Information auf die Arbeit anzuwenden.»

Marvin sah sie begeistert an. «Ja, ich verstehe jetzt. Ein Unternehmen kann die Talente seiner Mitarbeiter nicht nutzen, wenn sie sich nicht sicher fühlen und nicht ausreichend informiert sind. Wenn sie sich aber in ihrer Stellung sicher fühlen, frei experimentieren dürfen und ihnen alle Informationen zur Verfügung stehen, die auch das Management hat, dann entwikkelt sich in ihnen eine Art Besitzermentalität. Ein Inhaber fühlt sich dafür verantwortlich, daß alles in der Firma richtig läuft, er hat die Übersicht, weil ihm alle Informationen zur Verfügung stehen. Ein Inhaber läßt sich von nichts anderem ablenken, sondern er widmet seine gesamte Aufmerksamkeit dem Erfolg seines Unternehmens. Wenn aber der einzelne Mitarbeiter diese Besitzermentalität entwickelt, dann handelt auch er verantwortungsbewußt, als gehöre ihm der Betrieb. Die Folge davon ist ein intelligenteres, leistungsfähigeres Unternehmen.»

«Sie haben es erfaßt», sagte Elizabeth. «Einen wichtigen Punkt möchte ich aber noch hinzufügen. In einer Organisation, die auf Empowerment Wert legt, bedeutet die Macht, die einer durch seine Position hat, sehr wenig. Statt dessen verläßt man sich auf fachliches Können, auf gute Zusammenarbeit und darauf, daß jeder die Verantwortung für seine eigenen Handlungen übernimmt.»

«Ja, die Einstellung gefällt mir.» Marvin lächelte zufrieden. Ihm war plötzlich eingefallen, welche Möglichkeiten seine Firma durch all die Computertechnologie hatte, die ihnen zur Verfügung stand. Bisher waren Computer nur für ihn und seine Topmanager dagewesen, damit sie wichtige Informationen abfragen und austauschen konnten. Aber letzte Woche hatte einer ihrer Unternehmensberater seinem Managementteam in einem mitreißenden Vortrag von einer neuen Software, «Groupware», berichtet und sie auch vorgeführt. Im Gegensatz zu den meisten Softwareprogrammen, die für den einzelnen konzipiert waren, sollte Groupware die Zusammenarbeit vereinfachen.

Das könnte doch aber bedeuten, daß jetzt allen Mitarbeitern per Tastendruck die für sie wichtigen Informationen zugänglich gemacht werden konnten. Er schrieb ein paar Notizen in sein Büchlein und sah dann wieder Elizabeth an.

«Und doch bin ich nicht so ganz sicher», sagte er schließlich, «daß von dieser Entwicklung wirklich jeder begeistert sein würde. Würden manche nicht lieber auf die alte Art und Weise weiter vor sich hin arbeiten wollen?»

«Natürlich», antwortete Elizabeth. «Ein kleiner Prozentsatz der Belegschaft hat einfach kein Interesse an mehr Aufgaben und mehr Verantwortung als Folge von mehr Information. Aber die meisten wollen es. Es ist, als ob man ihr verschüttetes, natürliches Bestreben nur reaktivieren muß.»

«Sie glauben also, daß Menschen lieber ‹sehr gut› als ‹ausreichend› sind?»

«Selbstverständlich. Nur liegt dieser Wunsch nach Leistungssteigerung brach. Jahrelang wurde man in Unternehmen befördert, wenn man genau das tat, was von einem verlangt wurde. ‹Nur nicht auffallen, dann kommt man schon voran›, so lautete die Devise.»

«Das bedeutet, daß Menschen erst wieder lernen müssen, die Initiative zu ergreifen, verantwortlich zu handeln und mit Vollmacht umzugehen, kurz: empowert zu sein. Ich bin wenigstens dabei, das zu lernen. Sagen Sie mir doch, warum Autonomie durch Abgrenzung so wichtig ist.»

«Gerne.» Elizabeth stand auf. «Kommen Sie, wir gehen in die Kantine und unterhalten uns bei einer Tasse Kaffee weiter.»

Abgrenzungen sind Richtlinien fürs Handeln

Auf dem Weg zur Kantine sprach Elizabeth über den Bedeutungswandel verschiedener Strukturen in einer Organisation, in der Empowerment praktiziert wird.

«Wenn Mitarbeitern ausreichend Informationen zur Verfügung stehen, um ihre jetzige Situation zu begreifen, dann sind Abgrenzungen anscheinend keine Hindernisse, sondern Hilfsmittel, nach denen sich die Handlung ausrichten kann. Zum Beispiel Rollen und Ziele. Ich bin sicher, daß Janet Wo mit Ihnen darüber gesprochen hat, daß das Gesamtbild aus lauter kleinen Einzelbildern besteht.»

«Ja.»

«Das ist sehr wichtig. Die Definition von Rollen und Zielen ist eine Sache der Gegenseitigkeit. Das Management und die informierten Mitarbeiter arbeiten gemeinsam an dem Gesamtbild und gleichzeitig an ihren individuellen Einzelbildern. Bei einer deutlichen Vision weiß jeder, in welcher Form seine einzelnen Aufgaben zu dem Gesamtbild beitragen.»

«Können Sie mir ein Beispiel nennen?»

«Haben Sie jemals ein Oberhemd in das Geschäft zurückgebracht, in dem Sie es gekauft hatten, weil etwas damit nicht in Ordnung war? Und hat man Ihnen dann gesagt, daß Sie mit Ihrer Quittung erst in die Kundendienstabteilung gehen und sich einen Gutschein holen müssen, bevor Sie sich einen Ersatz aussuchen können?»

«Ja», sagte Marvin. «Das ist immer furchtbar zeitraubend und lästig.»

«Vorige Woche ging ich in ein Geschäft, um eine Bluse umzutauschen, an der ein Knopf fehlte», fuhr Elizabeth fort. «Es gab keine zweite Bluse in meiner Größe. Was geschah? Die Verkäuferin holte eine Schachtel mit Knöpfen hinter dem Ladentisch hervor, suchte, fand den passenden Knopf und nähte ihn gleich an. Während sie damit beschäftigt war, sah ich mich noch ein wenig in dem Geschäft um und kaufte eine zweite Bluse. In diesem Fall war das doch für beide Seiten von Vorteil, nicht wahr? Aber überlegen Sie einmal, warum das so wunderbar funktionierte. Es handelte sich bei der jungen Frau nicht nur um eine ausgezeichnete Verkäuferin, sondern man hatte ihr im Rahmen ihrer Ausbildung bestimmte Grenzen gesetzt, innerhalb deren sie die Freiheit hatte, mir zu helfen.»

«Sie meinen, innerhalb dieser Richtlinien konnte die Verkäuferin frei entscheiden? Die Grenzen steckten das Spielfeld ab und definierten die Regeln, unter denen die Verkäuferin frei entscheiden und handeln konnte.»

Elizabeth lächelte und nickte.

«Das gibt den Begriffen *Abgrenzung* und *Struktur* wirklich eine ganz neue Bedeutung», meinte Marvin. «In der Vergangenheit mußten Menschen lernen, innerhalb gewisser Richtlinien zu arbeiten, aber diese Strukturen sollten eigentlich die Aktivitäten eher einschränken, sollten selbständiges Denken und Risikofreudigkeit eher unterbinden und Fehler durch Strafen korrigieren.

Bei dem, was Sie hier beschreiben, handelt es sich aber um neue Richtlinien und Grenzen, die die Verantwortung, die Besitzermentalität und das selbständige Denken und Handeln eher fördern. Wie kann man Menschen dazu bringen, diesen Schritt zu tun? Gibt es dabei nicht alle möglichen Probleme?»

«Ja, es war anfangs nicht ganz leicht», sagte Elizabeth. «Wir versuchten, die meisten Regeln und Strukturen abzuschaffen und uns nur mit Hilfe von Slogans in eine bestimmte Richtung zu entwickeln. Aber es stellte sich heraus, daß das nicht ging. Man kann einfach nicht über Nacht aus einer streng strukturierten Arbeitsumgebung in das Land der Freiheit und Autonomie überwechseln.»

«Das erinnert mich an das, was Billy Abrams mir über die Schaffung von selbstgesteuerten Arbeitsteams erzählte», warf Marvin ein. «Manager müssen anfangs eindeutig eine leitende Funktion ausüben und mit der Zeit immer mehr delegieren und Verantwortung abgeben.»

«Ja», stimmte Elizabeth ihm zu. «Eigentlich ist es paradox. Man braucht Regeln und Strukturen, um den Mitarbeitern den Übergang in den neuen Arbeitsstil zu erleichtern. Es handelt sich dabei aber nicht um die alten Regeln und Strukturen, die aus der Zeit der Hierarchien stammen. Diese neuen Richtlinien sollten vielmehr die Werte widerspiegeln, die die Reise ins Land des Empowerments unterstützen. Ich habe eine kleine Faltkarte für den Schreibtisch entworfen, die viele von uns benutzen, um sich an diese Paradoxie zu erinnern.»

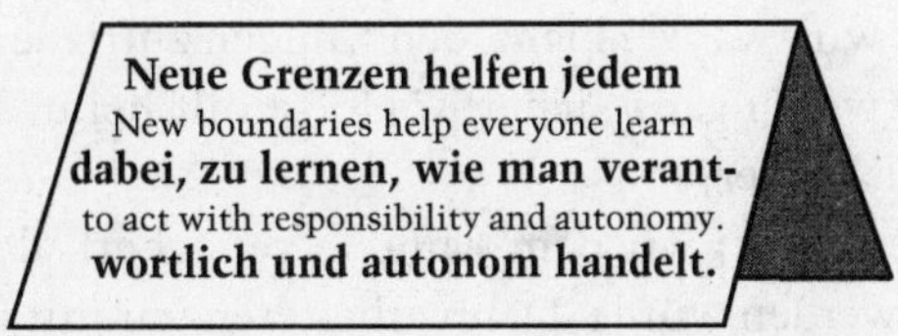

«Ich hätte dafür gern wieder ein Beispiel», sagte Marvin.

«Gut. An diesem Beispiel wird deutlich, wie wichtig es ist, Fehler auszubügeln. Wir hatten einige Bauteile an einen Kunden gesandt, aber als die Einheit dann vor Ort zusammengesetzt werden sollte, stellte sich heraus, daß das Bauteil nicht an den Platz paßte, den der Architekt dafür vorgesehen hatte. Dabei hatten sich unsere Leute mit dem Architekten besprochen, hatten sich den Bauplatz angesehen, hatten sich genau nach den Spezifikationen gerichtet, aber dann war ein Fehler unterlaufen, der zehntausend Dollar kosten würde, was dem gesamten Gewinn bei diesem Projekt entsprach.»

«Sehr unangenehm.» Marvin verzog das Gesicht. «Was passierte dann?»

«Früher hätten wir unsere ganze Energie darauf verwandt, herauszufinden, wer dafür verantwortlich war. War es der Architekt, der Kunde selbst oder jemand aus unserem Betrieb? Aber eine unserer neuen Richtlinien heißt: Wenn ein Fehler gemacht wurde, tue alles Menschenmögliche, um ihn wieder auszubügeln. Während unseres Trainings hatten wir gelernt, in einem solchen Fall die Frage zu stellen: ‹Wie können wir mit einer solchen Situation so umgehen, daß der Kunde zufrieden ist und wir aus dem Fehler viel lernen?›»

«Das ist eine wirklich sinnvolle Frage», rief Marvin aus. «Wie sind Sie auf diese Formulierung gekommen?»

«Wir hatten uns anfangs alle gründlich über Wertvorstellungen unterhalten. Daraus entstand dann eine Reihe von Richtlinien zum Handeln, die auf grundsätzlichen Werten basieren.»

«Wenn so etwas in meiner Firma passiert wäre», sagte Marvin, «hätten wir zwar versucht, den Kunden zufriedenzustellen, aber danach wären ganz sicher Köpfe gerollt bei uns. Wie ging das bei Ihnen weiter?»

«Als erstes haben wir dem Kunden versichert, daß das Problem gelöst werden würde. Dann arbeiteten wir mit dem Architekten und dem Bauleiter an Veränderungen, die vorgenommen werden konnten, damit das Teil paßte. Und während dieser ganzen Zeit haben Leute von uns genau Buch darüber geführt, welche Veränderungen wo vorgenommen wurden und was sie kosteten. Später hat sich eine Task-force unseres Betriebs mit den Aufzeichnungen genau beschäftigt, um zu sehen, was wir daraus lernen konnten.»

«Und wie sah dann das Ergebnis aus? Mich würde besonders interessieren, was Sie das Ganze gekostet hat.»

«Uns blieb nicht nur dieser wichtige Kunde erhalten. Er war von unserer Art und Weise, mit dem Problem umzugehen, so beeindruckt, daß er uns einer ganzen Reihe von Betrieben empfahl, mit denen wir seitdem gute Geschäfte machen. Und was wir aus der ganzen Angelegenheit gelernt haben, war sicher zehntausend Dollar wert. Nach dieser Geschichte haben wir uns erneut fest vorgenommen, uns noch mehr zu bemühen, alles gleich beim ersten Mal richtig zu machen. Wir hatten gelernt, daß unsere neuen, auf Werten beruhenden Richtlinien funktionieren und daß wir unsere Zeit nicht mehr damit verschwenden mußten, uns selbst leid zu tun oder anderen die Schuld zu geben. Wir erkannten, daß unsere neuen Strukturen Mitarbeiter dazu anregten, selbst eine Lösung des Problems zu finden.

In der oben geschilderten Situation kam der wichtigste Vorschlag, daß man nämlich leichte Veränderungen an der Einheit selbst und an dem Teil vornehmen sollte, damit es paßte, von einer Mitarbeiterin, die eigentlich mit diesem Projekt selbst wenig zu tun hatte, die aber den richtigen Instinkt zum Problemlösen besaß. Andere wiederum, die an der Behebung des Fehlers selbst mitarbeiteten, mußten dabei ihre Managerfähigkeiten entwickeln, was sich als sehr wertvoll erwiesen hat.»

‹Das hat ja wirklich viel gebracht›, dachte Marvin. Laut sagte er: «Es leuchtet mir jetzt ein, daß Fehler die Gelegenheit zur Leistungssteigerung bieten und eine Herausforderung für unsere Fähigkeiten darstellen, aber kein Anlaß sind, nach Schuldigen zu fahnden.»

Elizabeth nickte. «Und es macht einfach viel Spaß, innerhalb dieser neuen Richtlinien zu arbeiten. Es ist wunderbar, jeden Tag festzustellen, daß man ihren Anforderungen nach Verantwortung und Verantwortlichkeit gerecht werden kann. In unserem ‹Palaverzimmer›, wie wir das nennen, hängt ein Schild, das uns immer wieder daran erinnert.»

Empowerment

Empowerment means you
bedeutet Handlungs-
have freedom to act;
freiheit; es bedeutet
it also means you are
aber auch
accountable
Verantwortung
for results.
für die Ergebnisse.

«Sie haben mir wirklich dabei geholfen, die Vorteile von Information und Abgrenzung besser zu verstehen, Elizabeth», sagte Marvin. «Aber nun habe ich Sie lange genug aufgehalten.»

«Es war mir ein Vergnügen», sagte Elizabeth herzlich. «Ich wollte Ihnen gerade den Vorschlag machen, doch über selbstgesteuerte Teams mit jemandem in unserer EDV-Abteilung zu sprechen. Luis Gomez kann Ihnen sicher etwas Interessantes dazu sagen. Vor allen Dingen über die Ängste, die sein Team durchmachte, als es die alte Hierarchie ersetzen sollte. Ich bringe Sie schnell hin.»

Auf dem Weg in die EDV-Abteilung sagte Elizabeth: «Bei dem Prozeß des Empowerments ist nichts festgelegt. Die Grenzen, über die wir sprachen, werden sich immer wieder verschieben. Entwicklungen werden überall in der Organisation stattfinden. Mitarbeiter werden für sich und ihre Kollegen neue Ziele setzen, sie werden Vorschläge machen, was neue Rollen und Verbesserungen betrifft. In manchen Fällen kann man Teams schon von Anfang an ausgesprochen wirkungsvoll einsetzen. Aber ich höre jetzt mal auf. Über Teams soll Luis Ihnen etwas erzählen.»

Laß Teams sich selber steuern

Marvin war überrascht, daß Luis Gomez trotz seines jugendlichen Alters so gut informiert sein sollte.

«Ich soll Ihnen also mehr darüber erzählen, wie man die alten Hierarchien durch Teams ersetzen kann», sagte Luis, nachdem sie sich begrüßt hatten. «Das ist mir ein ausgesprochenes Vergnügen. Wahrscheinlich hat es auch damit zu tun, daß ich in diesem Vierteljahr der Teamleiter bin.»

«Hat Ihnen das Topmanagement Vorschriften gegeben, wie Ihr Team zu operieren hat?» fragte Marvin.

«Wir bekommen sehr wenig Anweisungen von oben», antwortete Luis. «Wir haben eigentlich nur vier grundsätzliche Regeln zu befolgen.

1. Der Kunde kommt immer zuerst.
2. Die finanziellen Interessen der Firma müssen gewahrt werden.
3. Gute Entscheidungen müssen flexibel getroffen werden.
4. Halte die Mitarbeiter im Betrieb auf dem laufenden.»

«Aber ich habe doch gerade von Elizabeth gelernt, daß neue Regeln und Abgrenzungen auf dem Weg zum Empowerment notwendig sind.»

«Das stimmt zwar, gilt aber im wesentlichen für den Beginn des ganzen Prozesses», sagte Luis. «Wir sind auf unserer Reise schon weit vorangekommen. Auch wir haben mit einer ganzen Reihe von Anweisungen und Regeln angefangen, die uns von außen vorgeschrieben wurden. Heute allerdings entstehen diese

Regeln innerhalb des Teams. Lassen Sie mich erklären, wie es dazu gekommen ist.»

«Ja, bitte.»

«Als wir vor mehr als zwei Jahren mit unserer Reise begannen, sollten wir laut Sandy die Pyramidenstruktur der Firmenhierarchie nicht nur abflachen, sondern letzten Endes die Pyramide für Betriebsentscheidungen sogar auf den Kopf stellen.»

Marvin sah Luis fragend an. «Was hat sie denn damit gemeint?»

«Stellen Sie sich einmal vor, es ständen zwei Telefone auf Ihrem Schreibtisch», sagte Luis, «ein rotes und ein blaues. Das rote Telefon ist direkt mit dem Vorstandsvorsitzenden verbunden, das blaue ist für Kundenanrufe zuständig. Beide Telefone fangen gleichzeitig an zu klingeln. Welches heben Sie zuerst ab?»

Marvin zögerte einen Moment und sagte dann: «Das rote natürlich.»

«Ja, natürlich.» Luis sah Marvin direkt an. «Und da liegt das Problem der meisten Unternehmen. Erst wenn Sie sich sicher genug fühlen und sich trauen, das blaue Telefon zuerst abzunehmen, kann man davon sprechen, daß die Pyramide auf den Kopf gestellt wurde.

Ich weiß zufällig, daß Ihr Unternehmen auch einen Schrumpfungsprozeß wie wir durchmachen mußte. Aber das allein ändert noch nichts an der fundamentalen Arbeitsweise in einer Firma. Wenn man nicht ein paar ganz spezifische Schritte unternimmt wie die, von denen Sie hier erfahren haben, dann bleibt die typische vertikale Hierarchie bestehen. Man sieht zu seinen Vorgesetzten auf, statt sich über die Belange der Kunden Gedanken zu machen. Die Angestellten empfinden Loyalität nach wie vor eher ihren Bossen gegenüber als dem gesamten Unternehmen und seinen Zielen.»

«Genau so ist es», sagte Marvin und dachte dabei an seine eigene Firma.

Luis fuhr fort: «Wenn Menschen das Gefühl haben, selbständig denken und handeln zu dürfen, dann wenden sie sich nicht an ihren Vorgesetzten, wenn sie Hilfe brauchen. Sie übernehmen selbst die Verantwortung und versuchen, eine Lösung für das aktuelle Problem zu finden.»

«Wie hat man in Ihrem Betrieb auf diese neue Verantwortlichkeit reagiert?»

«Als ihnen bewußt wurde, was diese Veränderungen bedeuteten, haben viele so getan, als belaste sie die neue Verantwortung. Sie hielten noch an der alten Einstellung fest und meinten: ‹Das ist nicht mein Job.› Ich hörte sogar, wie manche sagten: ‹Wenn wir Verantwortung wie der Boß übernehmen sollen, dann sollte man uns auch mehr bezahlen.› Deshalb war das Training auch sehr wichtig, weil dabei vor allen Dingen dieser Widerstand gegen jegliche Art von Veränderung angesprochen und dann abgebaut wurde.»

«Was haben Sie denn als erstes getan, um diese alten Einstellungen zu verändern?»

«Sandy predigte immer wieder, daß Entscheidungen auf der untersten Ebene des Unternehmens getroffen werden müßten.»

«Meinen Sie nicht auf der jetzt obersten Ebene des Unternehmens?»

«Sehr gut!» Luis lachte. «Damit Manager mit direktem Kundenkontakt diese Entscheidungen treffen konnten, mußten sie sich erst neue Fähigkeiten und Operationsweisen aneignen. Sie mußten lernen, wie man sich in einem verantwortlichen Team verhält, in dem die Entscheidungen von allen getroffen werden.»

«Wie hat man das aufgenommen?»

«Anfangs waren die Leute verwirrt. Auf der einen Seite klang das ganz gut, auf der anderen Seite wußten sie nicht, was es genau bedeutete. Da niemand bisher durch diesen Prozeß des Empowerments gegangen war, war man bald entmutigt und unsicher, was als nächstes getan werden mußte. Es war für jeden eine ziemlich frustrierende Zeit. Es wurde klar, daß man nicht einfach verkünden konnte, ab jetzt solle jeder selbständig denken und handeln, in der Erwartung, daß es auch wie von Zauberhand so geschehe.»

«Ja, das habe ich wohl falsch gemacht», sagte Marvin und dachte wieder an das, was kürzlich bei ihm in der Firma geschehen war. «Wie haben Sie es denn schließlich doch geschafft? Ich war schon kurz davor, das Handtuch zu werfen. Der Besuch hier bei Sandy und Ihnen allen war mein letzter Versuch.»

«Wir haben auch beinahe aufgegeben», sagte Luis. «Aber dann geschahen zwei Dinge. Einmal war Sandy nicht bereit aufzugeben. Sie behandelte uns weiterhin so, als seien wir alle Manager. Ein gutes Beispiel ist das *Fragende Memo*, das sie zu verwenden begann.»

«Das *Fragende Memo*?»

«Sie wissen doch, wie das in der typischen nichtempowerten Organisation abläuft: Eine Hausmitteilung kommt von oben, etwa, daß wir nun alle sparsamer mit Strom oder mit Papier oder sonstwas umgehen sollten. Man liest das, sieht einander an, lächelt und sagt: ‹Jaja.› Dann kommt der Chef aus seinem Büro – es kann auch eine Chefin sein – und gibt Befehle, wie nun diese Sparmaßnahmen im einzelnen aussehen sollen. Jeder kommt sich vor wie ein dummer Junge, der eine Standpauke erhält.»

«Das klingt leider nur allzu vertraut. Das habe ich wohl mein ganzes Leben lang selbst getan und auch selber durchgemacht.» Marvin seufzte.

«Hier handelt es sich um ein *Anordnendes Memo*. Ein *Fragendes Memo* ist etwas ganz anderes. Bleiben wir einmal bei unserem Beispiel, mit Ressourcen sparsamer umzugehen. Sandy informierte uns erst einmal über die Kosten einschließlich des prozentualen Verbrauchs der entsprechenden Abteilung. Sie drückte sich kurz und knapp aus und versuchte nicht, uns mit Floskeln wie ‹Nun wollen wir uns alle mal besonders anstrengen› zu überreden. Sie schien der Meinung zu sein, wir brauchten nur die richtigen Informationen und würden dann schon selbst die notwendigen Entscheidungen treffen. Anfangs sahen unsere Leute einander ein wenig ratlos an, wenn sie eine solche Hausmitteilung bekamen. Denn es war offensichtlich, daß die Abteilung eine Entscheidung zu treffen hatte.

Es war ganz deutlich, daß uns niemand diese Entscheidung abnehmen würde. Also begann man, sich damit zu beschäftigen. Vorschläge wurden gemacht, was man vielleicht tun *könnte.* Dann entschied man, was man tun *wollte.*»

«Ja, so sehen die ersten Teamversammlungen aus», warf Marvin ein. «Wie sah es mit der Durchführung aus?»

«Das war kein Problem. Da die Gruppe selbst sich mit diesem Problem auseinandergesetzt hatte, war es sozusagen auch ‹ihre› Lösung. Es war, als wenn Sie eine Abmachung mit jemandem getroffen haben. Sie sind beide bereit, Ihren Teil dazu zu tun, aber haben auch keine Hemmungen, den anderen darauf hinzuweisen, wenn er etwas nicht richtig macht.»

Marvin nickte. «Eins ist mir aber doch noch unklar. Worin bestand die Funktion der Manager, während all diese selbstgesteuerten Teams entwickelt wurden?»

«Das bringt uns zu dem zweiten Punkt», sagte Luis. «Training half uns, diese Zeit der Unzufriedenheit und Frustration zu überstehen. Manager wie auch ihre Teammitglieder waren sich bewußt, daß sie sich anders verhalten sollten, aber niemand wußte, wie. Also verlangte Sandy, daß alle an einem Lehrgang teilnehmen sollten.»

«Sie verlangte es?»

«Ja.» Luis lächelte. «Für Sandy ist das Training nicht nur eine Möglichkeit, sondern ein notwendiger Schritt auf dem Weg zum Empowerment. Die Teilnahme an diesem Training war Pflicht. Wenn man für einen Kurs eingeteilt war, dann konnte man nur in ganz extremen Notfällen absagen. Sie sagte ihren Managern, daß sie selbst die Schicht eines Mitarbeiters übernehmen würde, sollte man der Meinung sein, aus irgendeinem Grund nicht auf ihn verzichten zu können.»

Luis entschuldigte sich und wandte sich einem Teamgefährten zu, der mit einer Frage zu ihm gekommen war.

Marvin sah nachdenklich vor sich hin. Um was für eine Art von Pflichttraining mochte es sich handeln? Er dachte an das Training, das man in seiner eigenen Firma und auch in anderen ausprobiert hatte. Es war immer wieder vorgekommen, daß Leute das Training absagen mußten, weil ihre Vorgesetzten sie plötzlich nicht freistellen konnten, etwa weil der Vizepräsident zur unverhofften Besichtigung kam oder weil man plötzlich mehr Leute bei der Inventur brauchte. Sandy Fitzwilliam hatte offenbar erkannt, daß die notwendigen Veränderungen nicht ohne Training stattfinden konnten.

Als Luis nach kurzer Zeit zurückkam, fragte Marvin: «Wie häufig hat Sandy denn die Schicht eines Mitarbeiters übernehmen müssen?»

«Nicht ein einziges Mal. Wenn die Topmanager davon überzeugt sind, daß das Teamtraining total wichtig ist, dann flutscht das nur so. Erinnern Sie sich noch an den zweiten Schritt auf dem Weg zum Empowerment?»

«Klare Grenzen führen zum Empowerment», sagte Marvin. «Ich verstehe. Aber was war mit all der Unzufriedenheit und Frustration der Leute? Wie kamen sie darüber hinweg?»

«Es dauerte ein bißchen», sagte Luis. «Wir lernten in unserem Kurs, daß Gruppen sich wie Individuen in vorhersagbaren Etappen entwickeln. In jedem Stadium brauchen sie eine andere Art und Weise der Anleitung.»

«Ich würde gern mehr über diese Stadien wissen», sagte Marvin, öffnete sein Büchlein und zückte einen Kugelschreiber.

«Wenn sich eine Gruppe neu formiert, dann sind die Mitglieder meistens voller Enthusiasmus, aber sie wissen nicht recht, wie sie agieren sollen und wer welche Rolle übernehmen wird. Das ist die *Orientierungsstufe*: In dieser Phase braucht ein

Team eine starke, eindeutige Führung. Es muß jemanden geben, der die zu erledigenden Aufgaben plant und die Bemühungen des Teams organisiert.

Anfangs dachten wir, wir bräuchten das nicht, und sehr bald befanden sich unsere Teams im zweiten Stadium der Entwicklung, auf der *Stufe der Unzufriedenheit*. Als Team zu arbeiten ist immer sehr viel schwieriger, als die Mitglieder es erwarten. Im Verlauf des Gruppentrainings lernten wir, daß unzufriedene Teams weiterhin eine starke, eindeutige Führung brauchen. Aber nicht nur das, sie brauchen auch viel Unterstützung und Anerkennung, wenn sie Fortschritte machen. Wir lernten, daß dieser unzufriedene Zustand zwar unangenehm, aber für die Entwicklung eines leistungsstarken Teams entscheidend ist. In der Phase der Unzufriedenheit fingen wir an, mit einer Rolle innerhalb des Teams zu experimentieren, die sich bis heute erhalten hat und die wir ‹Teamkoordinator› tauften.»

Marvin sagte: «In meinem Unternehmen gibt es Teamleiter. Aber ich glaube, Sie meinen etwas anderes.»

Luis nickte. «Während der Anfangsstadien des Teams hat der Teamkoordinator eine ähnliche Aufgabe wie ein Manager. Wenn das Team dann aber das dritte Entwicklungsstadium erreicht hat, die *Stufe der Entschließung*, wo die Mitglieder lernen zusammenzuarbeiten, dann wechseln sie sich in der Rolle des Teamkoordinators ab. Die Aufgabe des Koordinators besteht darin, die Teamarbeit zu unterstützen und zu fördern.»

«Es ist aber wichtig, daß die Teammitglieder verstehen, was in anderen Bereichen läuft», fuhr Luis fort. «Der Koordinator nimmt also an wöchentlichen Versammlungen anderer Abteilungen teil und berichtet seinem Team, was er dort erfahren hat. Das fördert zwei sehr wichtige Bestrebungen des Betriebes: beiderseitiges Training und beiderseitigen Nutzen. Die meisten Entscheidungen werden im Team getroffen, aber der Koordinator arbeitet die Feinheiten aus, erledigt die Schreibarbeiten, setzt fest, wann seine Mitarbeiter in Urlaub gehen und so weiter.»

Nach kurzer Pause sagte Luis weiter: «Der Koordinator führt auch seinen Nachfolger in seine Aufgaben ein. Wir haben festgestellt, daß die Rolle des Koordinators weniger wichtig wird, wenn die letzte Phase der Entwicklung, die *Stufe der Produktion*, erreicht worden ist. Individuelle Bemühungen werden durch ein selbstgesteuertes Team gelenkt und unterstützt. Immer wieder stellen wir fest, daß die Unterschiedlichkeit der Teammitglieder einen echten Vorteil für die komplexen Aufgaben von heute darstellt. Mit unterschiedlich meine ich nicht nur Rassenzugehörigkeit und Geschlecht, sondern auch ethnische Vielfalt und unterschiedliche Fähigkeiten und Einstellungen der Teammitglieder. Wenn wir verschiedene Talente, Einstellungen, Wissensschwerpunkte in unserem Team zur Verfügung haben, dann können wir weitaus bessere Lösungen für unsere Probleme finden.»

Marvin nickte. «Mit zunehmenden Fähigkeiten des einzelnen und vermehrten Möglichkeiten, etwas beizutragen, wird das Ganze mehr als die Summe seiner Teile. Aber ich weiß, daß Unterschiedlichkeit auch Probleme bringen kann. Es ist viel einfacher, wenn alle gleich denken. Ist es denn niemals passiert, daß eines Ihrer Teams einfach Mist gebaut hat?»

«Natürlich», sagte Luis. «Viele Male mußten unsere Teams aus Schaden klug werden. Es geschah immer dann, wenn man Ressourcen nicht nutzte, die unterschiedlichen Meinungen nicht berücksichtigte und versuchte, Entscheidungen mit Macht durchzuboxen.»

«Und was passierte dann?»

«Ein solches Vorgehen schlug fehl. Wenn nämlich das Team das nächste Mal wieder etwas entscheiden mußte, weigerten sich die Teammitglieder, deren Ideen letztes Mal ignoriert worden waren, zu kooperieren.»

«Das Entwickeln eines echten Teamgeistes hat also viel mit Geschick im Umgang mit anderen Menschen zu tun?»

«Ganz bestimmt. Jedesmal, wenn eine wichtige Entscheidung zu treffen ist, müssen wir darauf achtgeben, daß jeder seine Meinung und seine Zweifel äußern kann. Das geschieht nicht aus Fairneß, sondern damit jeder seine individuellen Talente in die Entscheidung mit einbringen kann.»

«Wozu sollte ein Team, das endlich die Stufe der Produktion erreicht hat, denn fähig sein?» fragte Marvin.

«Im letzten Jahr haben unsere Teams immer häufiger wichtige Entscheidungen selbst getroffen. Eine Reihe von ihnen hat jetzt alle oder nahezu alle Aufgaben übernommen, die traditionell Sache des Managements waren, zum Beispiel Neueinstellungen, Disziplinarmaßnahmen, Beurteilung von Leistungen, Zuteilung von Ressourcen und Qualitätsprüfung. Die alte Managementhierarchie wurde jetzt durch diese Teams ersetzt.»

«Das ist ja wirklich erstaunlich.» Marvin schüttelte nachdenklich den Kopf.

«Was ist denn los?» fragte Luis.

«Mehrere Male bin ich heute schon mit Beweisen dafür konfrontiert worden, daß Empowerment wirklich funktioniert. Und ich fühle dadurch meine alten Überzeugungen in Frage gestellt.»

«Das geht vielen so.» Luis lachte. «Die meisten Manager würden sagen, daß man Probleme geradezu herausfordert, wenn man den Mitarbeitern sehr viel Vertrauen entgegenbringt, ihnen die ehemaligen Managerfunktionen überträgt und es ihnen überläßt, ihre Leistungen auch noch selbst zu überprüfen. Das mag sein, wenn die Angestellten noch die alte Vorstellung von Chefs und Untergebenen hegen. Wenn man Menschen aber auf Grund von Informationen und klaren Abgrenzungen empowert und ihnen dann vermittelt, wie sie als Mitglied eines selbstgesteuerten Teams zu operieren haben, dann sieht die Sache ganz anders aus.

Seit wir uns auf die Reise zum Empowerment gemacht haben, habe ich immer deutlicher gesehen, daß Menschen viele Ressourcen haben, die nicht genutzt werden. Wenn sie wissen, daß man ihnen zutraut, ihren Kopf und ihre Fähigkeiten einzusetzen, dann entdecken sie plötzlich ihr Gefühl für Verantwortung. Es kommt einem so vor, als hätten sie nur darauf gewartet, eine Besitzermentalität für die Firma zu entwickeln, damit sie endlich ihre Verbesserungsvorschläge anbringen können. Wenn diese Intelligenz und Energie mit dem Wunsch aller zusammenfällt, dem Kunden zu dienen, dann kann das vieles verändern.

Hinzu kommt noch, daß wir eigentlich immer besser werden und unsere Leute ständig neue Fähigkeiten entwickeln. Und wenn sie nicht mehr wachsen und sich entwickeln, dann passen sie auch nicht mehr recht zu unserem Betrieb, und sie gehen schon von ganz allein. Solange einer sich steigern und dazulernen will, hat er auch einen festen Platz hier und fühlt sich dazugehörig. Das bedeutet, daß unser Betrieb auf mehr als eine Weise Gewinn bringt.

Ich habe hier eine Liste aller Vorteile von selbstgesteuerten Teams aufgestellt.»

Vorteile selbstgesteuerter Teams

- **Größere Zufriedenheit am Arbeitsplatz**
- **Eine Veränderung der Einstellung von «ich muß» zu «ich möchte»**
- **Größeres Engagement der Mitarbeiter**
- **Bessere Kommunikation zwischen Management und Arbeitnehmern**
- **Effizienterer Entscheidungsprozeß**
- **Verbesserte Qualität**
- **Verminderung der Arbeitskosten**
- **Ein profitablerer Betrieb**

«Damit aber all diese positiven Ergebnisse auch eintreten, müssen Ihre selbstgesteuerten Teams auch genügend Informationen bekommen», sagte Marvin. «Es wird mir immer klarer, warum Informationsaustausch die erste Schlüsselbedingung auf dem Weg zum Empowerment ist.»

Luis nickte. «Da haben Sie recht. Und die Notwendigkeit der freien Information wird immer größer. Wir mußten bessere Methoden entwickeln, wie Informationen aufgezeichnet und auch mehr Mitarbeitern zugänglich gemacht werden konnten. Ein großes Plus der Computertechnologie ist sicher, daß Informationen in eine Form gebracht werden können, die jedem über das Computernetz zur Verfügung steht. Jeder weiß also, was zu jeder Zeit vor sich geht. Damit ein Team nämlich verantwortungsvoll arbeiten kann, braucht es eine Menge Informationen, mehr als ihm früher jemals zur Verfügung standen.

Wir haben mit der Zeit auch herausgefunden, daß unsere Teammitglieder eigentlich nur die Information abfragen, die sie wirklich brauchen können. Wir werden also nicht mehr mit Anfragen nach irgendwelchen Informationen belästigt, die dann später doch nicht gebraucht werden. Wir müssen also nicht mehr so viele Berichte schreiben wie früher, aber die Berichte, die wir liefern, enthalten wichtige Informationen für unsere Teams. Da unsere Teams wissen, daß das, was sie leisten, wichtig ist, kümmern sie sich schon selbst darum, wie sie etwas verbessern und wie sie die Talente und Fähigkeiten, die im Team vorhanden sind, besser nutzen können. Es handelt sich schließlich um *ihren* Betrieb.»

«Es ist wirklich sehr interessant», sagte Marvin. «Ich beginne allmählich zu verstehen, wie Empowerment funktioniert und was für einen Einfluß es auf die Leistungen eines Unternehmens haben kann.»

«Prima! Ich bin froh, daß ich helfen konnte», sagte Luis lächelnd.

Marvin bedankte sich bei Luis und verließ das Zimmer. ‹Ich

werde noch bei Sandy vorbeigehen›, dachte er. ‹Vielleicht kann sie mir noch ein weises Wort mitgeben auf die Reise in das Land des Empowerments.›

Vertraue auf die Wirkung von Empowerment

Auf dem Weg zu Sandys Büro lächelte Marvin zufrieden vor sich hin. Er war froh über alles, was er gelernt hatte. Es schien so lange her zu sein, seit er mutlos und voller Zweifel diesen Weg das erste Mal gegangen war.

«Na, kann es losgehen?» Sandy stand auf und streckte ihm die Hand entgegen.

«Ich glaube schon. Ihre Kollegen waren sehr hilfsbereit, ich habe viel über Empowerment gelernt. Die Anwendung der drei Schlüsselbedingungen wird in unserer Firma nicht ganz leicht sein, aber sie können sich auch als echtes Geschenk für unsere Leute herausstellen.»

«Zweifellos brauchen Sie Ausdauer und dürfen nicht an Ihrer Überzeugung zweifeln, daß Empowerment funktioniert.»

Marvin nickte. «Ja, vor allen Dingen der letzte Schritt wird nicht leicht sein, das heißt, die alte Hierarchie durch selbstgesteuerte Teams zu ersetzen. Anfangs habe ich geglaubt, daß der freie Zugang zu Informationen die größten Schwierigkeiten machen wird, aber die Rolle der Teams in einer Organisation scheint mir eine noch größere Herausforderung zu sein.»

«Ja, dieser Teil des Programms läßt bei Managern immer wieder die alten Zweifel aufkommen», antwortete Sandy.

«Es wird sicher schwierig sein, an dem eingeschlagenen Kurs festzuhalten», sagte Marvin unglücklich, «vor allen Dingen, wenn alle sowieso von den Neuerungen verwirrt und mit der Situation unzufrieden sind.»

«Ja. Weil man die Kontrolle über etwas besitzen will, für das man zur Verantwortung gezogen wird.»

«Genau.» Marvin seufzte.

«Und nun soll man, um seine Leute zu empowern, ebendiese Kontrolle abgeben und bleibt dennoch verantwortlich.»

«Ja, das ist ein furchterregender Gedanke für einen Manager.»

«Besonders dann, wenn die Organisation das Stadium erreicht hat, in dem keiner recht weiterweiß und die Führung für die nächsten Schritte fehlt.»

Marvin nickte wieder. «Aber offensichtlich kann das Gruppentraining dann helfen. Allein das Wissen, daß der Zustand der Unzufriedenheit ein normales, vorhersagbares Stadium der Gruppenentwicklung ist, rückt alles in die richtige Perspektive.»

«Deshalb halte ich das Training auch für unumgänglich», sagte Sandy. «Ich habe schon früher versucht, Menschen zu empowern, bin aber immer an diesem Zustand der Unzufriedenheit gescheitert. Immer wenn sich Unsicherheit und Mutlosigkeit breitmachten, bekam ich es auch mit der Angst zu tun. Ich fürchtete, ein Ungeheuer geschaffen zu haben, das niemand mehr würde bändigen können. Am liebsten hätte ich mich dann in die Berge verkrochen.»

«Aber das haben Sie ja offensichtlich nicht getan.»

«Nein, aber ich habe immer wieder beobachten können, wie Manager in dieser Situation die Nerven verloren haben, und das Empowerment blieb auf der Strecke.»

«Wie haben Sie es geschafft, dabeizubleiben?»

«Wahrscheinlich war es nur naive Begeisterung.» Sandy lachte. «Ich sagte mir und jedem, der es hören wollte, immer wieder, daß Menschen wirklich lieber selbständig und verantwortungsvoll handeln und solche Mitarbeiter ein großes Plus für unseren Betrieb bedeuten würden. Aber ich muß Ihnen sagen, daß ich viele Abende lang an meinem Schreibtisch saß, vor mich hin starrte und mich fragte, warum ich mich auf so eine Sache eingelassen hatte. Das Land des Empowerments schien weiter entfernt zu sein denn je. Ich spürte, daß es ein Führungsvakuum in der Organisation gab. Hier verlangte ich von Leuten, daß sie ihre Beziehungen zueinander ändern sollten, konnte aber genau wie die anderen Manager niemandem den Weg dahin zeigen. Es war eine sehr frustrierende Zeit für uns alle.»

«Was geschah dann?»

«Allmählich schien sich die ganze Dynamik zu verschieben. Es war wie in den Filmen, in denen der Held dem Untergang nahe ist und man keine Ahnung hat, wie er sich jetzt noch retten kann.»

«Aber irgendwie schafft er es doch immer.»

«Sicher, das ist ja das Gute am Film. Die Lösung kommt meistens aus einer Ecke, mit der man überhaupt nicht gerechnet hatte. Das gleiche geschah auch auf unserem Weg in das Land des Empowerments. Mitten in dem Führungsvakuum konnte man plötzlich erste Anzeichen erkennen, daß die Idee des Empowerments auf fruchtbaren Boden gefallen war. Teams fingen an, selbständig Entscheidungen zum Handeln zu treffen, einzelne Leute wagten es, Vorschläge zu machen, und Manager verhielten sich statt als Macher als Möglichmacher.

Es war, als ob das Empowerment, nach dem wir uns sehnten, direkt aus dieser ungemütlichen Situation des Führungsvakuums entstand. Plötzlich begannen sich Informationsaustausch, die neuen Abgrenzungen und das Training in Teamfähigkeit bezahlt zu machen.»

«Ich weiß nicht, ob ich den Mut gehabt hätte, so lange durchzuhalten.» Marvin schüttelte den Kopf.

«Deshalb muß man wissen, daß die Reise in das Land des Empowerments mit klaren Anweisungen während des Orientierungsstadiums beginnt und daß es unbedingt notwendig ist, hartnäckig daran festzuhalten, wenn die vorhersagbare, allgemeine Unzufriedenheit einsetzt. Jetzt ist es wichtig, die Vision nicht aus den Augen zu verlieren. Andernfalls kann das ganze Unterfangen im Chaos enden.»

«Man muß also an der Zuversicht inmitten all der Unsicherheit festhalten, wenn man selbstgesteuerte Teams bilden möchte, auch wenn man keine Ahnung hat, wie man den Prozeß unterstützen könnte?»

«Genau», sagte Sandy. «Gerade wenn es den Anschein hat, als ob keiner weiterwüßte, zeigen Mitarbeiter plötzlich Fähigkeiten, mit denen man nie gerechnet hätte. Und dann kann man ganz natürlich zum Möglichmacher werden, der schließlich zum Mitglied der Gruppe wird.»

«Die Hauptsache scheint zu sein, daß man an seiner Überzeugung festhält.» Marvin öffnete dabei sein Büchlein und begann zu schreiben.

«Ja, nur so können Ihre Überzeugungen sich in Wirklichkeit verwandeln, aber der Weg dahin kann manchmal angst machen.»

«Sie haben mir ja gleich zu Anfang gesagt, daß die Reise in das Land des Empowerments nicht einfach sein würde», sagte Marvin. «Ich verstehe das jetzt, aber ich will trotzdem diese Reise antreten.»

Sandy stand lächelnd auf und brachte Marvin zur Tür. «Viel Glück!»

«Das kann ich gebrauchen», sagte Marvin. «Sie werden von mir hören.»

«Das würde mich freuen.» Sandy winkte ihm kurz zu. «Und nie vergessen: Es klappt, wenn Sie nur dranbleiben!»

Die Strategie des Empowerments

Am Abend war Marvin damit beschäftigt, noch einmal zu rekapitulieren, was er gelernt hatte, und er überlegte, wie er diese Empowerment-Reise mit seinem Unternehmen antreten und auch erfolgreich beenden könnte.

Er hatte alle Notizen auf kleine Karten geschrieben, die er nun auf dem Tisch ausbreitete. Immer wieder nahm er Karten hoch und legte sie an eine andere Stelle.

Schließlich hatte er den Entwurf für seine *Empowerment-Strategie* fertig. Dieser Entwurf berücksichtigte alle drei Schlüsselbedingungen für das Empowerment und zeigte durch Pfeile an, wie sie miteinander interagierten. Er beschloß, Kopien dieses Plans an alle Mitarbeiter seines Unternehmens zu verteilen. Der Plan sah so aus:

EMPOWERMENT-STRATEGIE

Erster Schritt:

Jeder muß Zugang zu allen Informationen haben

- Stellen Sie Informationen über die Gesamtleistung des Unternehmens zur Verfügung; helfen Sie anderen dabei, die Ziele und Probleme des Unternehmens zu verstehen.
- Schaffen Sie Vertrauen, indem Sie andere einbeziehen.
- Stellen Sie Möglichkeiten zur Verfügung, das eigene Tun kritisch zu überprüfen.
- Betrachten Sie Fehler als Gelegenheit dazuzulernen.
- Schaffen Sie hierarchisches Denken ab; helfen Sie den Mitarbeitern dabei, eine Besitzermentalität zu entwickeln.

Dann:

Schaffen Sie Autonomie durch Abgrenzung

- Verdeutlichen Sie das Gesamtbild und die Einzelbilder.
- Erklären Sie Ziele und Rollen.
- Definieren Sie Wertvorstellungen und Regeln, auf denen die Handlungen basieren.
- Schaffen Sie Regeln und Verfahren, die das Empowerment unterstützen.
- Bieten Sie die notwendigen Trainingskurse an.
- Machen Sie die Menschen für die Ergebnisse verantwortlich.

Und dann:

Ersetzen Sie die alte Hierarchie durch selbstgesteuerte Teams

- Geben Sie Anleitung, und bieten Sie Trainingskurse für empowerte Teams an.
- Unterstützen und ermutigen Sie Veränderungen.
- Betrachten Sie Verschiedenartigkeit als Vorteil.
- Übergeben Sie allmählich dem Team mehr Macht.
- Vergessen Sie nicht, daß es schwierige Zeiten geben wird.

In den nächsten Monaten unternahmen nun Marvin und sein Unternehmen ihre eigene, einzigartige Reise in das Land des Empowerments. Anfangs rief er Sandy Fitzwilliam regelmäßig an, um sich Rat und Feedback zu holen. Mit der Zeit aber wuchs sein Selbstvertrauen, und er und seine Mitarbeiter waren vollauf damit beschäftigt, auf ihre eigene Weise ein empowertes Unternehmen zu entwickeln. Trotz gelegentlicher Rückschläge gaben sie nicht auf und erreichten auch schließlich ihr Ziel.

So, wie Sandy ein hilfreiches Vorbild für Marvin gewesen war, so stand er jetzt selbst anderen Managern zur Verfügung, wenn sie auf ihrer Reise zum Empowerment Rat und Ermutigung brauchten. Und immer wieder hörte er sich sagen:

«Empowerment ist keine Zauberei.

Empowerment isn't magic.

Es besteht aus einigen wenigen einfachen Schritten

It consists of a few simple steps

und einem langen Atem.»

and a lot of persistence.

Danksagung

So vielen Menschen ist für all das zu danken, was wir lernen mußten, bevor dieses Buch geschrieben werden konnte. Es ist unvermeidlich, daß mancher unerwähnt bleibt, aber wir werden uns große Mühe geben, möglichst alle zu nennen. Unser Dank gehört jener besonderen Gruppe von Menschen, die zu der Entstehung unserer Ideen entscheidend beigetragen haben, und den Menschen und Unternehmen, aus deren Reaktionen auf eine frühere Version dieses Buches wir viel gelernt haben. Allen unseren herzlichsten Dank. Wir wissen, daß sie überall in dem Buch erkennen können, wo sie beigetragen haben.

Unser Dank geht an die folgenden Unternehmen und ihre Angehörigen, die mit Mut die ersten Versuche unternommen haben, Menschen und damit Unternehmen mit der Empowerment-Strategie vertraut zu machen:

Mary Andrulewicz, Jack Kent und die anderen Verwaltungsdirektoren am Sheppard-Pratt-Krankenhaus
George Clifton, pensioniert, und viele andere der East Bay Region der Pacific Gas and Electric Company
Ron Floto, Dennis Carter, Lewis Payne, das Topmanagement-Team und die vielen Bezirks- und Filialleiter von Kash-'N'-Karry-Läden
Jeanne Gruner und die Task-force für Leistungsmanagement bei Household International
Tom Jackson, Mike Squilante, Jeff Beck und viele andere bei der Advanta Corporation

Lanny Julian und seine wunderbaren Außendienstler bei Ambassador Cards

David Liddle von den Circle K Stores in Großbritannien

Jim Pantelidas, Ron McIntosh, Gordon Olitch und Wolfgang Gregory von Petro-Canada

Irv Rule und Matthew Reimann von Siemens Medical Systems, außerdem John Donnelly, früher bei Siemens Medical Systems

Ralph Stayer von Johnsonville Foods dafür, daß er uns und vielen anderen den Weg zum echten Empowerment gezeigt hat

Steve Wachter und die Manager und Angestellten von General Electric Information Services

George Wilson und viele andere bei Florida Power and Light, außerdem Jo-Anne Pitera und Barbara Dabney, früher bei Florida Power and Light

Viele andere haben dieses Buch in den verschiedenen Stadien seines Entstehens gelesen und Vorschläge gemacht. Wir danken:

Barbara Balter und der Robert B. Balter Company

Joe Bode und der Black and Decker Corporation

Don J. Carlos und Bill Carlos, Autorenbrüder

Arnie Cole, U.S. Army

John Coleman, CSX Corporation

Mike Gill, Americom Cellular

Charles J. Loew, Motorola University

Mike Louden, Louden Associates

Rick Miller, Boys and Girls Club in Phoenix

Mike Perry, E. I. Du Pont Company

Al Price, Mauna Kea Beach Hotel

Joe Raymond, Georgia Academy

Lou Reymann, früher bei Shimadzu Scientific Instruments

Al Schneider, Federal Communications Commission

Julie Seeherman, Venture Stores
Tom Walczykowski, FBI

Wir möchten ebenfalls folgenden Personen dafür danken, daß aus dem Manuskript ein Buch wurde: Carlita Anthony-Mines, Valerie Hall, Michele Jansen, Harry Paul und Eleanor Terndrup. Ebenfalls Bob Nelson für seine hilfreichen Vorschläge und seine Redaktion.

Unser Dank gilt auch unserer Agentin Margret McBride und Steven Piersanti, Lektor bei Berrett-Koehler, für ihre Ermutigung und ihren Einsatz.

Wir stehen in intellektueller Schuld bei vielen unserer Kollegen von Blanchard Training and Development, besonders bei Eunice Parisi-Carew und Don Carew, für ihre fundierten Informationen über Teamentwicklung; Jesse Stoner und Drea Zigarmi halfen uns mit ihren Überlegungen, wie man eine unwiderstehliche Vision schafft; Pat Zigarmi hatte neue Erkenntnisse hinsichtlich Situational Leadership® II; Dev Ogle ließ uns an seinem Wissen von ständiger Verbesserung und strategischem Denken teilhaben.

Ganz besonders möchten wir unseren Frauen, Marjorie Blanchard, Lynne Carlos und Ruth Anne Randolph danken, die mit ihrer Unterstützung und ihren kritischen Fragen halfen, dieses Buch zu einem hoffentlich wertvollen Hilfsmittel für unsere Leser zu machen.

Ken Blanchard möchte noch einmal extra betonen, welchen wichtigen Einfluß das Zusammensein mit C. O. Woody, Rita Craig und anderen des Power Generation Units der Florida Power and Light auf seine Einstellung zu selbstgesteuerten Teams hatte. Besonders erwähnen möchte er dabei Rick Beil, Eddie Childs, Mary Polk und Debra Shultz-Robinson, die mit solchen Teams bei den Turkey Point Fossil and Cutler Plants zu tun hatte. Ihre Erfahrungen waren nicht nur erfolgreich, sondern auch herzerwärmend.

John Carlos möchte noch einmal besonders folgende Personen hervorheben:

Mike Vance – mein Phantom-Mentor seit über zwanzig Jahren

Rick und Ester Miller – für ihren Beistand, als viele andere mich allein ließen

Lino und Kelly Antunes, Andee und Todd Oleno – meine Kinder, die immer eine Inspiration für mich waren

Gordon Dolan – mein guter Freund und Kollege

First Sergeant Harold J. Merton – der mir als erster beibrachte, was Führung bedeutet

Alan Randolph denkt in Dankbarkeit an:

Barry Posner und Jackie Schmidt-Posner, Freunde und Kollegen

Dan Costello für seine Unterstützung und Ermutigung

Pater Vincent Dwyer für seinen frühen inspirierenden Einfluß

Meine Kinder, Ashley, Shannon und Liza, die mich dazu inspirieren, Empowerment zum Bestandteil von ihrem und meinem Leben zu machen

Über die Autoren

Ken Blanchard hat durch seine Arbeit Menschen und Firmen im Hinblick auf Organisation und Management im täglichen Leben stark beeinflußt.

Von seiner Serie «The One Minute Manager» wurden mehr als sieben Millionen Exemplare verkauft, die Bücher in mehr als zwanzig Sprachen übersetzt.

Zusammen mit Dr. Paul Hersey hat er das Lehrbuch «Management of Organizational Behavior» verfaßt, das jetzt in der sechsten Auflage vorliegt. Er war Koautor von Dr. Norman Vincent Peales «The Power of Ethical Management», 1988; von Sheldon Bowles' «Wie man Kunden begeistert: Der Dienst am Kunden als A und O des Erfolges», Rowohlt, 1994; und Don Shulas «Everyone's a Coach», 1995. Seine spirituelle Entwicklung hat Ken in «We Are the Beloved», 1994, beschrieben.

Blanchard ist Vorsitzender von «Blanchard Training and Development, Inc.», einer Firma für Managementberatung und Managementtraining, die er 1979 mit seiner Frau Marjorie gründete. Er ist Gastprofessor und emeritiertes Mitglied des Kuratoriums der Cornell University. Die Blanchards leben in San Diego.

John P. Carlos ist als Managementberater und -trainer bekannt.

Er hat 25 Jahre praktische Erfahrung als Manager und Trainer und gilt wegen seines Wissens über die Entwicklung von Organisationen und Management, über Nachfolgeplanung, Team-Empowerment, Kundendienst, Training von Führungskräften und die erfolgreiche Integration unterschiedlicher Persönlichkeiten am Arbeitsplatz als ausgewiesener Fachmann. John ist auf die Entwicklung von Organisationen und Mitarbeitern spezialisiert, auf das Empowerment von Teams und die Beratung von Firmen, die ihren Kundendienst verbessern wollen.

Als Redner ist er besonders wegen seiner humorvollen, geistreichen Geschichten bekannt, die aus dem Leben gegriffen sind, und für seine Fähigkeit, Menschen ihr eigenes Verhalten bewußtzumachen. Erfahrungen hat er über die Jahre in vielen verschiedenen Institutionen gesammelt, in privaten, gewinnorientierten oder in gemeinnützigen Organisationen, in Läden, Hotels, Ferienanlagen und Heimen für schwererziehbare Jugendliche. Zehn Jahre lang arbeitete John als Trainingsdirektor für Circle K., eine Lebensmittelkette mit über fünftausend Filialen auf der ganzen Welt. Er hat seine eigene Beraterfirma und ist einer der leitenden Mitarbeiter von Blanchard Training and Development.

John studierte Betriebswirtschaft an der Columbia Pacific University. Er lebt heute mit seiner Frau, Lynne Carlos, in Phoenix, Arizona. Seine zwei erwachsenen Töchter, Kelly und Andee, und seine Schwiegersöhne, Todd und Lino, leben ebenfalls in Arizona.

Alan Randolph ist in der Managementlehre international anerkannt und arbeitet außerdem als Unternehmensberater.

In dieser Funktion hat Alan in den letzten zwanzig Jahren mit in- und ausländischen Organisationen im öffentlichen und im privaten Sektor zusammengearbeitet. Seine Schwerpunkte sind: Empowerment, Planen und Managen von Projekten, Leistungsmanagement, Entwicklung von Führungsqualitäten, Kundendienst und Teamaufbau. Als Seminarleiter und Redner ist er locker, präzise und sachlich.

Alan ist Professor für Management an der Merrick School of Business, University of Baltimore, und einer der leitenden Mitarbeiter von Blanchard Training and Development. Er hat eine

Reihe von Artikeln sowohl in wissenschaftlichen als auch populären Fachzeitschriften veröffentlicht. Er ist Koautor von Barry Posners «Getting the Job Done: Managing Project Teams and Task Forces for Success», 1992, und Robert Miles' und Edward Kemerys «The Organization Game», 1993.

Alan ist Wirtschaftsingenieur (BA; Georgia Institute of Technology), hat die Beziehung zwischen Personal und Unternehmen studiert (MA) und in Betriebswirtschaft an der University of Massachusetts in Amherst promoviert.

Er lebt mit seiner Frau Ruth Anne (die ebenfalls bei Blanchard Training and Development arbeitet) und den gemeinsamen Töchtern Ashley, Shannon und Liza in Baltimore, Maryland.

Management, Büro & Business

Kenneth Blanchard / John P. Carlos / Alan Rudolph
Management durch Empowerment *Das neue Führungskonzept: Mitarbeiter bringen mehr, wenn sie mehr dürfen*
128 Seiten. Gebunden

Kenneth Blanchard / William Oncken / Hal Burrows
Der Minuten-Manager und der Klammer-Affe *Wie man lernt, sich nicht zuviel aufzuhalsen*
128 Seiten. Gebunden

Kenneth Blanchard / Spencer Johnson
Der Minuten-Manager
128 Seiten. Gebunden

Kenneth Blanchard / Sheldon Bowles
Wie man Kunden begeistert
Der Dienst am Kunden als A und O des Erfolges
128 Seiten. Gebunden

Spencer Johnson
Eine Minute für mich
128 Seiten. Gebunden

Kenneth Blanchard / Patricia und Drea Zigarmi
Der Minuten-Manager: Führungsstile *Wirkungsvolles Management durch situationsbezogene Menschenführung*
(rororo sachbuch 19934)

René Bosewitz / Robert Kleinschroth
Manage in English *Business English rund um die Firma*
(rororo sprachen 60137)
Better than the Boss *Business English fürs Büro*
(rororo sprachen 60138)

rororo sachbuch

Sell Like Hell *Business English für Verkaufsgespräche*
(rororo sprachen 60722 / Buch mit Audio-CD 60723 / Toncassette 60724)
Master Your Business Phrases *Sprachmodule für den Geschäftsalltag*
(rororo sachbuch 60725)
Get Through at Meetings *Business English für Konferenzen und Präsentationen*
(rororo sprachen 60262 / Buch mit Audio-CD 60265 / Toncassette 60266)
Let's go International *Business English rund um die Welt*
(rororo sprachen 60267 / Buch mit Audio-CD 60504 / Toncassette 60505)

Bryan Hemming
Business English from A to Z
Wörter und Wendungen für alle Situationen
(rororo sprachen 60269)

Weitere Informationen in der **Rowohlt Revue**, kostenlos im Buchhandel, oder im **Internet: www.rowohlt.de**

3610/4

3400/9

Fit im Kopf

Intelligenter, einfallsreicher, kreativer werden, der Vergeßlichkeit in zunehmendem Alter vorbeugen und entgegenwirken: praktische Ratgeber für ein gezieltes Training des Gedächtnisses.

Hans-Jürgen Eysenck
Intelligenz-Test
(rororo sachbuch 16878)

Shakti Gawain
Stell dir vor *Kreativ visualisieren*
(rororo sachbuch 18093)

Raymond Hull
Alles ist erreichbar *Erfolg kann man lernen*
(rororo sachbuch 16806)

Walter F. Kugemann / Bernd Gasch
Lerntechniken für Erwachsene
(rororo sachbuch 17123)

Danielle C. Lapp
Nichts mehr vergessen!
Neuer Schwung für graue Zellen. Mit einem Vorwort von Paul Watzlawick
(rororo sachbuch 60398)
Neuer Schwung für graue Zellen: Das berühmte Memory-Training der Stanford University ist verblüffend einfach und außerordentlich erfolgreich. Das vorliegende Buch stellt diese erprobte Technik anhand von über hundert unterhaltsamen Beispielen vor.

rororo sachbuch

Ernst Ott
Das Konzentrationsprogramm
Konzentrationsschwäche überwinden – Denkvermögen steigern
(rororo sachbuch 17099)
Optimales Denken
Trainingsprogramm
(rororo sachbuch 16836)
Optimales Lesen *Schneller lesen – mehr behalten. Ein 25-Tage-Programm*
(rororo sachbuch 16783)

Marilyn vos Savant / Leonore Fleischer
Brain Building – Das Supertraining für Gedächtnis, Logik, Kreativität
(rororo sachbuch 19696)

Ein Gesamtverzeichnis aller lieferbaren Bücher und Taschenbücher der *Rowohlt Verlage, Wunderlich, Wunderlich Taschenbuch* und *Rowohlt Berlin* finden Sie in der *Rowohlt Revue*. Vierteljährlich neu. Kostenlos in Ihrer Buchhandlung.

Rowohlt im Internet:
hhttp://www.rowohlt.de

Finanzratgeber

Michael Brückner / Andrea Przylenk
Alternative: Selbstständigkeit *Ein Testbuch für Arbeitslose und Umsteiger*
(rororo sachbuch 60432)

Rüdiger Falken / Jan Evers
Versicherungen *Ihr persönliches Versicherungsprogramm gegen Risiken*
(rororo sachbuch 60458)

Roland Keich / Cornelius Buchmann
Wohneigentum *Wie Sie den Kauf eines Hauses oder einer Wohnung sicher finanzieren*
(rororo sachbuch 60221)

Christa Niedermeier
Autokauf *Barzahlung, Kredit, Leasing: die günstigste Lösung für Sie*
(rororo sachbuch 60220)

Udo Reifner u. a.
Mieter kaufen gemeinsam ihr Haus. Das Modell der Zukunft *Wie Sie Wohneigentum auch bei geringem Einkommen finanzieren*
(rororo sachbuch 60461)

Udo Reifner / Achim Tiffe
Das Girokonto, Ihr Geldmanager *Die beste Kontogestaltung für Ihre eigenen Bedürfnisse*
(rororo sachbuch 60459)
Dieser Ratgeber führt Rechte und Pflichten der Kunden wie der Banken an und widmet sich den typischen Problemen, die bei Girokonten auftauchen.

rororo sachbuch

Diana Siebert
Geldanlagen *Wie Sie kleine oder größere Beträge günstig und ohne Risiko anlegen*
(rororo sachbuch 60225)

Susanne Veit / Michael Weinhold
Schulden *Wie Sie mit Schulden richtig umgehen und Überschuldung abbauen*
(rororo sachbuch 60460)
Dieser Finanzratgeber zeigt an konkreten Beispielen, wie man mit Schulden richtig umgeht. Dabei wird vor allem die neue Insolvenzordnung, die am 1. Januar 1999 in Kraft tritt und unter bestimmten Bedingungen Schuldenbefreiung vorsieht, präzise erläutert und in praktische Ratschläge umgesetzt.

Ein Gesamtverzeichnis aller lieferbaren Bücher zum Thema finden Sie in der *Rowohlt Revue*. Vierteljährlich neu. Kostenlos in Ihrer Buchhandlung.

Rowohlt im Internet:
http://www.rowohlt.de